Pascale Dalcq

Et votre joie sera parfaite

Itinéraire d'une résurrection

fidélité

© 2012, Éditions Fidélité, 7 rue Blondeau, 5000 Namur.

Dépôt légal : D. 2012, 4323.09

ISBN : 978-2-87356-532-9

Maquette et mise en page : Jean-Marie Schwartz

Imprimé en Belgique

Pour Guy,

Avec amitié,

Pascal

À Michel, à Gabriel, à Denis,
à Christian, à Yvon Joseph, à Martin.

À tous ceux et celles qui savent
les « détours de la vie »
et cheminent sur la route d'Emmaüs.

À mes parents et grands-parents.

À ceux et celles qui se reconnaîtront.

Préface

I tinéraire d'une résurrection : *itinéraire très personnel, celui de Pascale, qui nous est partagé avec vérité et pudeur, avec simplicité et ouverture confiante... Itinéraire où émerge l'indicible qui cherche à se dire, dans le travail des mots humains, afin de traduire une expérience du divin, l'éveil progressif à « une présence aimante et transformante »... Expérience de résurrection qui est toujours mystérieusement à l'œuvre dans la vie de Pascale et qui, discrètement, fait signe vers une autre Résurrection, celle du Christ, dont elle reçoit toujours force et lumière.*

Cet itinéraire personnel et unique, accueilli avec amour et respect, peut devenir dialogue avec chacun et chacune de nous, avec nos propres itinéraires de résurrection, ceux que nous avons déjà identifiés et ceux que nous parviendrons à reconnaître afin de mieux entrer dans leur élan de vie... Nul n'est une île, écrivait Thomas Merton, moine cistercien américain à la personnalité exceptionnellement forte, témoin d'un cheminement où il n'a pas craint de s'éloigner des sentiers communément parcourus... C'est ainsi que nos itinéraires personnels, loin de céder à l'enfermement, peuvent se rencontrer dans une communion vivante et dynamique, lorsqu'ils savent ac-

7

cueillir et nommer la force résurrectionnelle qui les soulève et les attire, même à travers « le pire », même à travers de « douloureuses traversées »… La spiritualité cistercienne, si chère à Pascale, invite à suivre le Christ dans un cheminement de foi perçu et vécu comme une « résurrection progressive », un passage de la mort à la vie, de la vie à plus de vie !

Et votre joie sera parfaite… *Cette promesse que Pascale a d'abord reçue pour elle-même, elle a la générosité de nous l'offrir en partage : elle ne peut garder pour elle seule l'expérience vécue dans son histoire et dans sa chair… Sa relecture de vie devient pour nous une invitation à la joie, humble écho à celle que le Christ est le premier à nous adresser :* « Je vous ai dit cela pour que ma joie soit en vous et que vous soyez comblés de joie » *(Jn 15, 11). Une « joie parfaite » et « sans cesse à parfaire » car elle ouvre à l'infini de Dieu, à l'infini de notre désir de Dieu !*

Pascale a su reconnaître les traces de Dieu et les venues du Ressuscité dans sa vie : c'est vers lui que son itinéraire nous tourne pour que notre joie, communiant à la joie du Christ, soit parfaite… Pour que notre joie ne se fige pas dans un moment de sa croissance, mais qu'elle ne cesse d'être renouvelée en lui, ouvrant notre cœur à une louange intarissable ! Joie émerveillée du salut ! Joie de la vie plus forte que toute mort ! Joie pascale !

Fraternelle reconnaissance à celle dont le « témoignage de vie » se transforme tout paisiblement en « témoignage de foi », avec un amour intense pour le Dieu en qui elle croit et un amour tout aussi généreux envers nous tous, ses sœurs et ses frères en humanité. Pascale nous convie à la découverte du « chemin d'Emmaüs » : le sien, le nôtre à chacune et chacun… Pour nous souvenir et retracer la fécondité de nos vies dans l'amour et la lumière du Christ Ressuscité !

+ *Yvon Joseph Moreau, o.c.s.o.*
Évêque de Sainte-Anne-de-la-Pocatière, Québec, Canada

En guise
d'introduction

« Nous allons par le pire à des choses très fleuries et très douces,
accordées au secret de nos âmes[1]. » Ces mots, découverts
dans un livre de Christian Bobin, pourraient être comme le « fil
rouge » des pages qui vont suivre. Des mots qui ont fait remonter
à la mémoire des souvenirs précis, comme la trame en clair-obscur
d'une vie.

Ces pages voient le jour après de longues années de silence. Des
années de cheminement entre l'épanouissement de la vie, la mort
plusieurs fois rencontrée, et la vie redonnée ; une vie à la fois si pareille à ce qu'elle a toujours été, et en même temps si « nouvelle ».

Mais pourquoi aujourd'hui prendre la parole ? Et pour dire quoi ?
Comment, un jour, le silence finit-il par faire place à l'écriture ?

Lorsqu'on se risque à formuler un vécu, une grâce reçue, c'est
peut-être d'abord pour se la dire à soi-même... pour mettre des

---

1. Christian Bobin, *Un assassin blanc comme neige*, Gallimard, 2011, p. 10.

mots sur ce qui nous habite depuis longtemps, et ainsi mieux en prendre conscience. Et, dans la foulée, pour mieux en rendre grâce et approfondir ce sentiment de reconnaissance qui permet à la vie de circuler et de se transmettre. Savoir remercier pour le don reçu est essentiel. Comme le dit si bien saint Bernard : « ... rapportons-lui grâce pour grâce. Proclamons sa mémoire tant que nous sou-pirons après sa présence : que les flots de sa grâce retournent à leur source pour en rejaillir plus abondamment. À moins d'y retourner, ils se dessèchent : infidèles dans les petites choses, nous n'obtien-drons pas de recevoir de plus grands biens [2]. »

Et aussi parce que les années qui passent appellent l'urgence de nommer le côté lumineux des choses. Le risque est grand, dans nos vies où joies et peines se mêlent, de laisser nos souvenirs prendre l'allure de ces vieux négatifs photo que l'on retrouve parfois au fond des boîtes oubliées dans nos placards : des morceaux de pellicule gris... Il ne faut surtout pas alors résister à l'envie d'ex-poser ces négatifs à la lumière pour savoir retrouver toute la beauté et la richesse humaine de scènes enfouies dans notre mémoire. Quand le papier photo se développe, le flou le cède à des contours plus précis et nous aide à nous réapproprier un passé dans lequel s'enracine notre aujourd'hui. « Plus les jours passent, et plus j'ai envie de guetter la lumière, à plus forte raison si elle s'amenuise. Rester du côté du soleil [3]. »

Enfin, dans une plus grande conscience du don reçu, affleure le désir de partager et de témoigner. Témoigner, comme on partage le pain reçu en surabondance, pour donner à d'autres le goût de la vie. Partager quelque chose de son propre chemin, à la fois pareil à tant d'autres et cependant unique ; parce qu'on sait ce que l'on

---

2.   Saint Bernard, *Sermons pour l'année*, Traduction Pierre-Yves Emery, Brepols et Taizé, 1990, p. 708.
3.   Philippe Delerm, *Le trottoir au soleil*, Gallimard, 2011, p. 15.

doit, dans son propre cheminement, au témoignage des autres et que, peut-être, quelques-uns de ces mots pourront un jour être « signe » sur la route d'autrui.

Partager, parce que l'on y est un jour invité : « *La foi vient de ce que l'on entend*[4] », me rappelait récemment un ami pour m'encourager à ce travail d'écriture. Humblement, mettre ses pas dans ceux de témoins innombrables qui nous ont précédés. Oui, prendre la parole pour témoigner d'une grâce que, dans notre foi chrétienne, nous nommons *résurrection* : pour dire, avec d'humbles mots, que s'il s'agit là d'un mystère fondateur de notre foi, c'est aussi une réalité qui s'incarne déjà dans chacune de nos vies.

La joie profonde et forte à laquelle, je le crois, chaque être humain est appelé à goûter un jour, et dont il sera question dans ces pages, elle est toujours le fruit d'un long cheminement et de « traversées » dont chacun seul connaît le prix. Croyant ou non, celui qui en fait l'expérience et la reconnaît, l'exprimera dans ses propres mots, forgés par son propre vécu. Dans ma vie, elle est à la fois le fruit d'un cheminement humain et celui d'un cheminement de foi, depuis de longues années maintenant indissociablement liés. Et c'est bien dans ce contexte que ces pages s'inscrivent : témoignage de vie *et* témoignage de foi.

Aujourd'hui, lorsqu'au gré de mes rencontres, j'ai l'occasion d'échanger avec d'autres personnes sur notre foi commune, ce qui ressort bien souvent à propos de la résurrection est ceci : il s'agit bel et bien d'une vérité de foi que la plupart ne mettent pas en doute, mais qui reste toujours très vague dès qu'il s'agit d'y mettre des mots. Une vraie *Bonne Nouvelle*, certes — la vie ne se termine pas avec la mort — mais qui, justement, ne concerne pas vraiment notre vie présente. Et cela vaut, inconsciemment, pour la joie qui

---

4. Lettre de saint Paul aux Romains *10*, 17.

en est le corollaire : « inaccessible » en cette vie. C'est pour « après la mort », et affirmer le contraire serait, *stricto sensu*, une contra-diction dans les termes. Mais faut-il vraiment en rester là ? J'avoue que je l'ai moi-même fait durant de longues années.

Jusqu'au jour où « mes yeux se sont ouverts » à une autre réalité et où « l'intelligence des Écritures » a pris dans ma vie une toute autre dimension. Jusqu'au jour où j'ai commencé à découvrir, en moi et autour de moi, des signes de cette joie que « rien ni personne ne peut nous enlever ». Et ma foi en est devenue plus vraie, plus vivante, plus réelle. Cette *joie* de la résurrection, dont nous parlent les Évan-giles, je la retrouvais au plus intime de mon être, comme inscrite dans ma chair et je la reconnaissais aussi dans les yeux et dans la vie d'autres *témoins*. Et ces témoins, c'est à chaque « page » de ma vie qu'il m'a été donné de les rencontrer : dans un cheminement qui m'a menée d'abord de la *libre pensée* à la foi ; qui a ensuite mené mes pas sur d'autres continents, et donc à la rencontre de diverses cultures, s'enrichissant de la diversité de multiples rencontres.

Plus j'apprenais à reconnaître cette joie, et plus elle pouvait dé-ployer en moi ses effets. Les « passages » de ma vie, si douloureux qu'ils aient été, m'apparaissaient enfin sous un nouveau jour et prenaient soudain une toute autre signification.

Et si je prends aujourd'hui le risque de partager quelque chose de cette découverte, c'est parce que je suis intimement convaincue que chaque personne est appelée, elle aussi, à porter sur sa vie un regard neuf, appelée à y découvrir son propre « chemin d'Em-maüs ».

L'importance du regard, si merveilleusement exprimée dans un chant d'Yves Duteil :

> « Le monde a la beauté du regard qu'on y pose.
> Le jardin de Monet, le soleil de Renoir,
> Ne sont que le reflet de leur vision des choses
> Dont chacun d'entre nous peut être le miroir.

La vie nous peint les jours au hasard du voyage,
En amour, en douleur ou en mélancolie.
C'est un peu de ce temps qu'on laisse en héritage
Enrichi du regard qu'on a posé sur lui [5]. »

« … nous allons par le pire à des choses très fleuries et très douces accordées au secret de nos âmes »… Mon souhait en commençant ce récit ? « Que mes traversées puissent appeler cette puissance de vie en chacun de nous [6]. » Et que puisse, dans nos vies, tout passage, si douloureux soit-il, ouvrir toujours sur la vie et la joie plus abondante…

꒒

5. Yves Duteil, « Regard impressionniste ».
6. Magda Hollander-Lafon, *Quatre petits bouts de pain*, Albin Michel, 2012, p. 106.

L'enracinement
d'une vie…

Mais avant de pouvoir parler de la place du mystère de la résurrection dans ma vie, sans doute faut-il commencer par le commencement : l'histoire sur laquelle est venue se greffer mon expérience de foi…

La plupart de mes amis croyants me partagent souvent comment, depuis leur enfance, la foi leur a été transmise dans leur famille. J'aime entendre ces récits qui disent la richesse d'un héritage et d'une vie de foi qui grandit au travers des âges de la vie. Comme dans un « terreau », la foi s'enracine et porte fruit. Cela n'empêche nullement les questionnements, mais il y a chez eux une solidité qui semble acquise au-delà des défis qu'elle traverse.

Pour ma part, il n'en a pas été ainsi, venant d'une famille où aucune « religion » n'influençait la pensée et où la vie n'était rythmée par aucune pratique religieuse.

Alors, comment a pu naître en moi une expérience de foi devenue si vive que je puisse aujourd'hui songer à en témoigner ? Quelles ont pu être les fondations sur lesquelles s'est bâti et ancré un cheminement tout entier orienté vers l'intériorité ? À partir de quelles expériences m'a-t-il été donné de développer un regard contemplatif ? Quels ont été ces « passages » qui m'ont frayé les chemins vers la joie plus forte que tout ?

La réponse pourrait tenir en quelques mots… Mon expérience de foi s'est greffée et a grandi sur ce qui fondait ma vie, mon expérience humaine ; et c'est au-delà de douloureuses « traversées » qu'il m'a été donné de mieux comprendre et d'intégrer un mystère qui se révélera un jour à moi comme celui de la résurrection.

Née en 1961 à Forest, commune de Bruxelles, dans une famille simple et modeste, j'ai été élevée sans références religieuses. Bien que j'aie été baptisée peu après ma naissance, un peu comme on perpétue un rite suranné — je ne l'ai découvert que bien plus tard — ma famille, dans une sorte d'accord tacite, ne me l'a jamais mentionné. Mes grands-parents, de classe ouvrière, s'étaient depuis longtemps ralliés aux partis politiques qui avaient su combattre pour leurs droits, sans aucune hostilité démontrée envers la religion cependant. Simplement, cela ne faisait pas partie de leur vie.

Quant à mes parents, ils professaient — à leur façon et sans grands discours philosophiques — ce que nous appelons la Libre Pensée : en quelques mots, une laïcité philosophique qui prône « la mise en question permanente des idées, la réflexion critique, la recherche active de l'émancipation de l'être humain à l'égard de toutes formes de conditionnement, d'assujettissement et de discrimination. Mais la mise en question des valeurs n'y est pas qu'une affaire de rejet automatique. Il s'agit plutôt de trouver, au travers de sa propre réflexion, des valeurs véritables et constructives… [7] »

---

7. Comme dans tout autre système de pensée, on retrouve dans la *libre pensée* bien des tendances et des « écoles », mais ces mots décrivent le mieux celle qui a façonné ma propre réflexion.

J'ai donc accompli presque tout mon parcours scolaire dans des écoles non confessionnelles en suivant, en lieu et place des cours de religion, des cours de morale laïque, cours dispensés par des professeurs d'ailleurs assez remarquables. À l'école, comme à la maison, je retrouvais les mêmes encouragements à l'apprentissage, à la recherche et à la réflexion personnelle. Il s'agissait de découvrir ce qui s'offrait à ma compréhension et d'apprendre, dans un processus de réflexion, à forger ma propre pensée, tout cela sous l'œil d'adultes dont je ne me souviens pas qu'ils ne se soient jamais dérobés à une seule de mes questions.

Mes grands-parents comme mes parents m'ont donné une éducation que je qualifierais de profondément humaniste. Parce que leur vie était simple et laborieuse, ils ont su me transmettre le goût du travail, et du travail bien fait. Parce qu'ils cultivaient le respect de tout être humain, indépendamment de sa race ou de sa culture, ou d'aucunes de ses « différences », ils m'ont enseigné l'accueil de l'autre et l'intérêt de la rencontre qui enrichit dans le partage. Parce qu'ils tenaient en haute estime le savoir et l'intelligence, j'ai été nourrie, abreuvée, imprégnée… de lectures, de musique, de découvertes artistiques et scientifiques, de visites de lieux historiques. Parce qu'ils croyaient sincèrement à la valeur de l'entraide pour bâtir un monde meilleur, j'ai appris à me passionner pour des causes justes et à venir en aide aux plus démunis. Parce qu'ils savaient apprécier un coucher de soleil ou le chant d'un oiseau, les longues balades en forêt ou au bord de la mer faisaient partie des grandes joies de notre vie.

Mes premières joies « contemplatives » me viennent sans nul doute des marronniers de l'avenue du Roi qui rythmaient les saisons sous les fenêtres de notre appartement, et dont les fleurs me ravissaient. Et, dans la foulée, de la découverte du parc Duden, situé juste à côté de chez nous et traversé, matin et soir, la main dans celle de ma grand-mère, pour aller à l'école et en revenir. Ce parc de vingt-quatre hectares, véritable morceau de forêt au cœur de la ville, peut aisément faire figure de « royaume » aux yeux de n'importe quel enfant qui a eu le bonheur de grandir à son ombre : un parc à flanc de colline, peuplé de hêtres majestueux, aux sentiers et aux taillis sauvages et que, même adulte, on a l'impression de n'avoir jamais fini d'explorer. Le dimanche, mon « royaume » s'étendait à la très belle forêt de Soignes, forêt périurbaine de plus de quatre mille hectares, située au sud-est de la ville.

Chez nous, on privilégiait les balades en silence, pour mieux entendre le vent dans les arbres, et apprendre à reconnaître le chant des oiseaux. Notre rythme de vie était à l'unisson : une vie sans voiture et sans télévision… qui, une fois les tâches quotidiennes et les devoirs terminés, faisait la part belle aux longues heures de marche et de lecture. À ces découvertes citadines s'ajoutaient, lors des vacances, les longues balades dans les forêts d'Ardenne ou à la côte, sur une plage à cette époque encore relativement « sauvage » où les couchers de soleil m'enchantaient. Et, comme un refrain familier, j'entends encore ces mots de ma mère : « Regarde comme c'est beau ! »

Tout cela me remonte en mémoire quand je lis en quatrième de couverture d'un livre paru récemment : « Et si la liberté consistait à posséder le temps ? Et si le bonheur revenait à disposer de solitude, d'espace et de silence — toutes choses dont manqueront les générations futures ? Tant qu'il y aura des cabanes au fond des bois, rien ne sera tout à fait perdu [8]. » J'ai envie de dire : tant qu'il y aura des espaces où les enfants pourront grandir en apprenant à s'émerveiller, rien ne sera tout à fait perdu…

Entre découvertes de la nature et visites de lieux historiques, entre les heures consacrées à la lecture, au dessin et à l'écoute de

---

8. Sylvain Tesson, *Dans les forêts de Sibérie*, Gallimard, 2011.

la musique, entre moments partagés avec mes amies et les heures studieuses à l'école, je me forgeais doucement un regard sur le monde et un système de valeurs tout pétri de respect, de sensibilité aux besoins des autres et de l'amour du beau.

Et je peux aujourd'hui mesurer combien, malgré les années écoulées, ma capacité à m'émerveiller et mon goût d'apprendre ne se sont jamais émoussés. Me restent aussi, comme une lumière au fond des yeux, le souvenir d'une complicité sans faille avec ceux qui veillaient avec amour sur les premières années de ma vie et les moments de bonheur partagés. « Aux enfants, on apprenait jadis que Dieu est dans le ciel. Mais qui leur apprendra que le ciel est sur terre, partout étincelants dans les choses simples [9] ? » Oui, que l'on croie ou non en Dieu, les simples bonheurs de la vie ont saveur de paradis…

Et si ce bonheur était resté intact ? Mais non ! Un premier « coup de tonnerre » allait venir bouleverser ma vie et, pour la première fois, l'idée de la mort viendrait frapper à ma porte. Même les signes avant-coureurs de l'orage ne m'avaient pas suffisamment alertée sur cette vérité qui allait m'atteindre de plein fouet un matin, au petit-déjeuner, à la veille de mes six ans, assortie d'explications fort peu « rationnelles » de ma mère : mes parents ne s'aimaient plus et ils allaient se séparer.

Avec le recul et dans mes mots d'adulte, je dirais ceci : ma mère m'annonçait ce matin-là, ni plus ni moins, que l'amour qui m'avait donné la vie n'existait plus ! D'abord m'a envahi un sentiment d'absurdité, de non-sens… Il devait y avoir là un affreux malentendu et, en adultes responsables qu'ils étaient, mes parents allaient bien finir par s'en apercevoir : un espoir fou qui n'allait pas me quitter tout de suite…

9. Christian Bobin, *Prisonnier au berceau*, Mercure de France, 2005, p. 36.

Je ne comprendrais que des années plus tard que c'étaient principalement les problèmes d'alcoolisme de mon père qui venaient
de détruire notre bonheur… Mais à ce moment précis, n'ayant pas
reçu davantage d'explications, je ne voyais que l'absurdité de la situation.

Je commençai alors à apprendre alors une autre forme de silence,
que j'appellerais le silence du courage… Puisque ma maman pleurait, il fallait que je sois très courageuse… pour l'aider! Serrer les
dents, savoir la réconforter et, surtout, ne pas pleurer.

Plus le temps passait, et plus la réalité allait avoir raison de mes
derniers espoirs. Ce que j'avais d'abord pris pour un affreux malentendu, loin de se dissiper, ne faisait que s'aggraver. Non content de
s'être séparés, mes parents se « déchiraient » littéralement ; je découvrais une vie où j'allais devoir passer, alternativement, du temps
avec l'un et avec l'autre alors que je persistais à ne pas diviser mon
amour. Certes, leur amour pour moi n'avait pas changé, je le sentais
bien, mais je ne pouvais comprendre que celui qui les avait unis
n'était plus. Et puis, vint le moment où une nouvelle donne vint
définitivement enterrer mes espoirs : l'arrivée, dans leur vie respec-
tive, d'un « autre amour ». Et pour moi, le « devoir » d'accepter dans
mon espace quotidien des personnes qui faisaient figure d'intrus.

Mon silence devenait mutisme… Mon seul répit se trouvait
dans les visites à mes grands-parents paternels. Leur appartement
était un havre de paix et les vacances passées avec eux avaient, plus
que jamais, des allures de paradis, tant ils m'apparaissaient alors
comme les seuls adultes de mon entourage doués de bon sens.

L'école, mes amies et mes livres étaient aussi des refuges sûrs.
Et petit à petit, j'enfouissais au plus profond de moi ce déchirement
intolérable, comme pour pouvoir profiter encore de ce qui subsis-
tait de mon bonheur.

Mais, malgré le temps qui passait, je ne pouvais toujours pas
abandonner l'idée que mes parents s'étaient lourdement trompés

et, si j'avais pu faire n'importe quoi pour sauver leur amour, je l'aurais fait…

J'avais environ huit ans quand une idée s'est imposée à moi. Devant l'absurde et le non-sens de la situation, il m'a semblé ne plus voir qu'une seule issue : mourir. Vivre sans les voir heureux ensemble me semblait impossible et j'avais fini par me convaincre que ma mort ne pourrait que leur ouvrir les yeux sur leur erreur et les réunir. Et, sans en parler à personne autour de moi — pas même à mes amies — je passais alors de longs moments à envisager de quelle façon je pourrais me suicider ; le désir de mourir prenait insidieusement le dessus sur la joie de vivre qui m'avait toujours habitée et je m'enfonçais dans une forme de désespoir.

Et Dieu dans tout cela ? Je ne pouvais me tourner vers lui pour la bonne et simple raison qu'il n'avait pas de part dans ma vie ; je ne le connaissais même pas. Si quelqu'un m'avait alors posé la question, j'aurais plus que probablement déclaré, du haut de mes huit ans très « éclairés », que « Dieu n'existe pas ».

Mes plus grandes consolations, je les trouvais à ce moment dans la solitude, la lecture et la contemplation des œuvres d'art comme de la nature. J'avais découvert entre autres, dans un livre, les peintures de Van Gogh ; et ce que je pouvais pressentir de son tourment apaisait quelque peu le mien…

Je me souviens aussi comme j'aimais alors regarder tomber la pluie, car elle me donnait l'impression de ne pas être seule à pleurer. « J'aimais la pluie, noyant l'espace, au long des brumes du pays plat [10] », chante si bien Jacques Brel. Bref, tout ce qui semblait à l'unisson de mon malheur me consolait un peu. Et la lecture comblait mes heures de loisirs. Mais surtout… je m'appliquais à communiquer le moins possible avec ces adultes qui « ne comprenaient rien ».

---

10. Jacques Brel, « J'aimais », 1963.

La musique avait toujours eu sa place à la maison, et c'est durant ces années que ma mère a commencé à me faire découvrir les grandes œuvres classiques, découverte qui s'accompagnait de la lecture des biographies de certains de leurs compositeurs.

Et ce fut d'abord la musique qui parvint à percer la carapace de tristesse dans laquelle j'étais enfermée…

À cette époque, le grand chef d'orchestre Herbert von Karajan dirigeait avec brio l'orchestre philharmonique de Berlin, et c'est d'un disque enregistré sous sa direction que j'entendis pour la première fois la Neuvième Symphonie de Beethoven. Déjà, j'avais été fascinée par la Cinquième, si majestueuse, et la Pastorale, si poétique… Mon émerveillement reste aujourd'hui entier devant la façon dont des instruments de musique peuvent reproduire les bruits de la nature… Mais la Neuvième allait me toucher bien davantage que n'importe quelle autre œuvre musicale, fût-elle un chef-d'œuvre.

Les trois premiers mouvements m'enchantèrent comme tout ce que j'avais jusqu'alors écouté de Beethoven. Le début du quatrième m'intrigua tout d'abord. Cette soudaine « hésitation » qui semble interrompre le cours de l'œuvre, comme si les instruments ne savaient plus très bien quoi jouer… Une sorte de « cacophonie » — qui dure quand même près de deux minutes — qui ressemble plus à des musiciens accordant leurs instruments avant une prestation qu'à un mouvement symphonique. Un « chaos » bien à l'unisson de celui qui m'habitait alors, ce qui a probablement inconsciemment attiré mon attention.

Et puis, doucement, comme le calme après la tempête, une mélodie qui s'ébauche dans un accord retrouvé. Un chant d'abord « sourd », qui semble venir de très loin, comme hésitant… Et puis qui monte, de plus en plus clair, de plus en plus léger. Une mélodie qui part de quelques instruments pour ensuite se répandre dans une irrépressible contagion — rassemblant enfin tout l'orchestre — et monter comme une vague qui emporte tout sur son passage. Cette force irrésistible se nomme enfin dans la voix des chœurs ponctuant cette symphonie : « *O Freude !* » chante le baryton. « Ô Joie ! » La joie qui a raison de toute dissonance, de toute lutte, de toute tristesse, la joie la plus forte qui monte des profondeurs de l'être.

Quand je prends de plein fouet ce choc salutaire, je suis aussi en train de lire la biographie de Beethoven et j'apprends, les larmes aux yeux, que lorsqu'il compose la Neuvième Symphonie, et qu'elle est enfin jouée, Beethoven est déjà complètement sourd ! Le cœur serré, je me rends compte alors qu'une immense souffrance n'empêche pas la joie de sourdre. Si le mot miracle avait fait partie de mon vocabulaire, je l'aurais sans doute utilisé…

Alors que je m'enfonçais inexorablement dans mon chagrin, une mélodie née du génie de Ludwig van Beethoven, comme une main invisible, me tirait vers le haut, un peu comme on sauve une personne en train de se noyer.

Questionnée il y peu sur ce que j'avais compris alors, j'ébauchais cette réponse : je venais de comprendre que l'on peut atrocement souffrir… et ne pas en mourir ! Cette joie si bien exprimée, si justement chantée, réveillait en moi, si pas directement le goût de vivre, du moins, dans un premier temps, une force qui allait me permettre de faire face à la vie. La musique se frayait un chemin jusqu'à l'intime de mon être, et ses notes venaient dénouer l'étreinte du désespoir. Une irruption dont l'effet se révélerait sans retour. L'acuité de la souffrance le cédait à une force tranquille. J'avais connu de grands bonheurs ; dans le malheur, je découvrais la puissance mystérieuse de la joie.

Deux ou trois années allaient passer encore avant l'irruption d'une autre « réalité » dans ma vie. En attendant, le courage de vivre prenait le pas sur l'envie de mourir.

Les allers-retours entre mes parents restaient toujours pénibles, mais je pressentais que ma vie — et mon bonheur — ne dépendaient sans doute pas tout à fait du leur. De plus en plus, je poursuivais ma vie en gardant une « prudente distance » envers des adultes qui ne semblaient pas toujours très « fiables ».

Ma mère, après un an de vie commune avec son nouveau compagnon, s'était remariée et avait eu deux autres enfants ; son mari, quant à lui, semblait à peine me tolérer.

Je souffrais de la distance et de l'incompréhension qui s'installaient entre moi et une maman dont j'avais toujours été si proche. Nos sorties en ville, au concert, au cinéma, ou simplement à flâner dans les rues du vieux Bruxelles, tous ces moments de complicité semblaient bien loin. Je la sentais de plus en plus nerveuse et tendue.

Chez mon père, le climat était plus paisible et sa compagne se montrait aimante envers moi, même si je n'ai pu la considérer longtemps que comme une étrangère ; notre amitié, qui dure encore aujourd'hui, ne s'épanouira que plus tard dans la vie.

Seuls mes grands-parents paternels n'avaient pas changé, et j'avais toujours hâte aux moments passés en leur compagnie. Le bruit des pas de mon grand-père dans l'escalier à son retour du travail, les longues heures où il m'apprenait à dessiner, les parties de pétanque sur la plage, et les interminables parties de cartes avec ma grand-mère, feront toujours partie de mes plus beaux souvenirs.

Avec mon père et ma belle-mère aussi, les vacances réservaient de belles surprises. De grandes balades dans tous les coins du pays et des visites de lieux historiques ou de réserves naturelles continuaient à ouvrir mon horizon. Je devais avoir environ dix ans lorsque nous sommes partis camper en Gaume, région rurale du sud du pays : une première pour moi.

Et c'est lors de ce séjour que nous sommes allés nous balader à l'abbaye d'Orval, pour y découvrir ce lieu marqué d'une longue histoire, et pour y acheter quelques produits de l'abbaye.

Orval, comme un coin de paradis au cœur des forêts… mais le mot paradis ne faisait pas alors davantage partie de mon vocabulaire que celui de *Dieu* ou de *miracle*…

Orval, abbaye cistercienne fondée au XIIe siècle et nichée au cœur d'une vallée splendide, décline les marques de son histoire.

À côté de l'abbaye actuelle, construite sur les fondations de celle du XVIIIᵉ siècle, se dressent encore les vestiges de celle construite à partir de l'arrivée des Cisterciens en 1132. Détruits à la Révolution française, ses bâtiments gardent la sobre beauté de leur origine et la marque des siècles de présence et de prière. Entre histoire et légendes, chaque coin de l'abbaye, chaque pierre parle au cœur et aux yeux.

Et c'est là qu'une « rencontre » allait se produire, qui orienterait à jamais ma vie. Alors que nous passions dans les ruines de l'église médiévale, à la croisée de la nef et du transept, admirant en silence la beauté de ce lieu, je m'arrêtai… un peu comme un oiseau s'arrêterait en plein vol, car j'avais ressenti une présence… Non pas l'impression fugitive d'une présence, mais une présence bien réelle, à la fois forte, douce et aimante. Et pourtant, il n'y avait personne autour de nous… Dans le silence intérieur, cette présence envahissait tout mon être : moment lumineux dont l'impression ne s'effaça plus jamais.

Je retrouvai, il y a peu, quelque chose de l'impression ressentie alors, lorsque je lus sous la plume de Christian Bobin : « Je compris très tôt que nous ne sommes jamais abandonnés. Cette pensée était dans mon cœur comme un brin de lumière tombé du bec d'un moineau. Ce brin faisait tout mon nid[11]. »

Mais qu'était-elle donc, cette présence ? D'où venaient la paix ressentie, cette profonde douceur et cette tendresse ? Ces questions ne franchirent pas mes lèvres, mais restèrent pour ce jour-là au plus profond de mon cœur. Alors que j'avais été habituée dès l'enfance à poser spontanément toutes les questions qui m'habitaient, les dernières années m'avaient pour le moins déshabituée de me tourner vers les adultes en quête de réponses… J'ai donc choisi de

---

11.   Christian Bobin, *Prisonnier au berceau*, Folio, 2006, p. 51.

garder pour moi-même ce moment précieux… Ou peut-être pressentais-je inconsciemment que cette question-ci les dépassait ?

Quand nous avons quitté l'abbaye ce jour-là, je portais dans le cœur le désir d'y revenir. Heureusement pour moi, les vacances dans ce coin de pays ont commencé à faire partie de nos habitudes, et j'allais pouvoir revenir explorer ce lieu à mon gré pour percer un secret qui, croyais-je, y était lié.

Me décidant plus tard à poser quelques questions que je voulais « anodines », j'appris que les hommes qui habitaient ces lieux étaient des moines, des hommes qui avaient consacré toute leur vie à Dieu. Ah oui ! Dieu… Mais alors… ce Dieu dont je m'étais si bien convaincue qu'il n'existait pas… après tout, peut-être… Bien sûr, des lieux porteurs de siècles d'histoire nous donnent souvent l'impression, même vides, d'être « habités ». Mais je sentais confusément que la présence ressentie ici était d'un autre ordre, et qu'elle ouvrait sur quelque chose de plus.

Dieu alors ? Peut-être n'appartenait-il pas, après tout, au rayon des « croyances dépassées », au domaine des contes de fée… L'absolu de la vie des moines et le rayonnement de ce lieu m'interpellaient et ouvraient en moi un espace de questionnement et de réflexion inconnu jusqu'alors.

Ma réflexion et ma recherche allaient se continuer et s'approfondir au cours des années suivantes, et je serais fidèle en cela à cette phrase que mes parents m'avaient dite et répétée dès le plus jeune âge — et que j'avais faite mienne — dès que je posais des questions d'ordre philosophique ou religieux : « Tu te feras un jour ta propre idée et tu choisiras par toi-même. »

Oui, j'allais continuer ma route en intégrant l'expérience vécue à l'abbaye d'Orval et choisir par moi-même… choisir de répondre à un Dieu d'amour qu'il me serait donné de découvrir, parce que lui, le premier, était venu à ma rencontre.

Mes parents et mes grands-parents ne m'ont pas transmis la foi, mais ils m'ont prodigué une éducation riche en valeurs d'ouverture à l'autre et de respect (de soi-même et des autres), riche du désir d'apprendre, et de l'importance de savoir voir et reconnaître tout ce qu'il y a de beau dans la nature qui nous entoure — le chant d'un oiseau, le murmure des rivières ou le ressac des vagues, les couchers du soleil — comme tout ce qui fait la beauté de nos frères humains — les valeurs d'entraide et de partage comme les merveilles artistiques et le génie créateur. « J'ai toujours dû la vie à ce que je voyais de pur. Si nous savions regarder le réel de chacun de nos jours, nous tomberions à genoux devant tant de grâce [12]. »

Mon esprit s'était ouvert, intégrant une à une les richesses qui s'offraient à moi. Et c'est bien tout cela qui m'a aidée à me construire et à passer au travers des épreuves qui ont marqué ces années et, aujourd'hui encore, je ne doute pas une seconde que c'est dans ce riche « terreau » humain qu'a pu grandir et s'enraciner mon expérience de foi.

Et Dieu avait su « trouver la brèche ». Le courage de vivre qui avait été le mien au cours des dernières années était maintenant soutenu par la douceur d'une présence : présence bien « mystérieuse » encore, mais dont la réalité ne faisait aucun doute, et sur laquelle j'allais apprendre à mettre des mots. La réalité de la joie entrevue en écoutant le quatrième mouvement de la Neuvième Symphonie, il me faudrait encore de très longues années avant d'en percevoir toute l'étendue et toute la profondeur. Il me fallait d'abord creuser le mystère d'un amour plus grand que tout et le laisser petit à petit transformer et guider ma vie.

---

12. Christian Bobin, *Prisonnier au berceau*, Mercure de France, 2005, collection « Folio », p. 47.

Face aux épreuves de la vie, il semblait y avoir décidément mieux à faire que de vouloir mourir…

❧

Une expérience
qui s'approfondit

L ES années suivantes allaient pour moi s'égrener de découverte en découverte. Années marquées aussi par une autre épreuve, mais qui, cette fois, ne me conduirait plus au « désespoir » de mes huit ans…

À la veille de mes douze ans, ma mère et son époux, chez qui je résidais principalement, allaient me mettre en demeure de choisir entre eux et mon père, comme si, à leurs yeux, je ne pouvais plus avoir qu'une seule famille, la leur. Si je n'attendais pas mieux du mari de ma mère, ses paroles à elle me transpercèrent littéralement le cœur. La plus étroite complicité nous avait toujours unies et je l'aimais profondément ; j'aimais aussi mon père, et jamais je n'aurais pu choisir entre les deux. Comment pouvait-elle me demander cela ? Avait-elle donc tout oublié ?

Devant ma calme détermination à lui répéter que je l'aimais, mais que j'aimais aussi mon père et que je ne pouvais « choisir » entre eux, ma mère, semblant perdre tout contrôle, se mit à me frapper et me signifia alors de m'en aller vivre chez lui. Paroles trop dures à entendre, tellement plus dures que ses coups, mais que je trouvai le moyen de prendre comme l'expression d'une crise passagère. Un autre affreux malentendu qui ne durerait pas toujours… Et cette fois, au lieu de me laisser aller à un instinct de mort, je choisis d'espérer, envers et contre tout ; je choisis de croire qu'un jour tout s'arrangerait, et que l'amour qui liait une mère et son enfant ne pouvait pas disparaître ainsi.

Jamais je n'aurais pu imaginer que la porte qui se fermait derrière moi ce jour-là le serait encore quarante ans plus tard… Longtemps après, tombant sur cette parole du livre d'Isaïe, j'en comprendrai douloureusement le sens : « *Une femme oublie-t-elle son petit enfant, est-elle sans pitié pour le fils de ses entrailles ? Même si les femmes oubliaient, moi je ne t'oublierai pas. Vois, je t'ai gravée sur les paumes de mes mains…* [13] »

On parle souvent de pardon, mais je ne sais s'il est chose plus difficile que de devoir pardonner à sa propre mère. Ce chemin du pardon, il m'a fallu des années pour le parcourir et ne pas rester prisonnière de ce qui s'était passé ce jour-là. Mais c'est bien le seul chemin vers la liberté intérieure, et c'est grâce à cela que, aujourd'hui encore, je peux penser à ma mère et à tout ce qu'elle m'a donné en partage, avec amour, respect et reconnaissance.

À la fois riche et forte de tout ce que j'avais déjà reçu dans la vie, je me promis très vite de mener une vie en accord avec les valeurs qui m'avaient été transmises et je me convainquis que, malgré tout ce qui pouvait se passer autour de moi, le bonheur devait être possible. Le bonheur, je l'avais connu, alors… Il ne pouvait avoir disparu pour toujours. À l'âge où les ados élaborent des projets d'avenir, les miens tenaient en peu de mots. Je me souviens d'avoir confié à une amie : « Plus tard, je serai heureuse… »

---

13. Isaïe *49*, 15-16.

Je comprenais sans doute confusément que, si les adultes qui m'entouraient ne semblaient pas toujours dignes de la confiance totale que je leur vouais dans les premières années de ma vie, il me fallait puiser « en moi-même » la force d'être et de vivre. Et puis, une « autre présence » s'était révélée et je savais que je n'étais plus seule. Les années qui suivraient allaient être pour moi l'occasion d'en comprendre davantage et de « lui faire une place » dans ma vie.

De déménagements en changements d'école, les amitiés que je tissais allaient aussi devenir une grande source de force intérieure. J'ai, depuis longtemps, le bonheur d'avoir rencontré de vrais amis et d'avoir noué des amitiés solides qui sont comme des lumières sur mon chemin. Souvent, j'ai pu expérimenter ces paroles de Jacques Brel : « Au carrefour des amitiés, le malheur s'évanouit, broyé par nos mains serrées… [14] » Et ce sont aussi mes amis et amies qui allaient devenir les premiers confidents de ma « quête ».

C'est à cette même époque que je m'engageais dans les mouvements de jeunesse, plus précisément chez les guides catholiques de Belgique. Pourquoi les guides *catholiques* ? La réponse semble tellement anecdotique : parce que mon père avait été envoyé, par ma grand-mère, chez les scouts catholiques et qu'il souhaitait perpétuer ce qu'il considérait comme une tradition familiale… Dans le mouvement, fondé par Baden Powell en 1907, je retrouvais les valeurs apprises dans ma famille et je m'épanouissais dans les activités diverses. Mais surtout, j'allais entrer pour la première fois dans une église pour assister à la messe du dimanche : un temps de célébration un peu « mystérieux » à mes yeux non initiés… Mais très vite, j'allais y ressentir la même présence que lors de ma première visite à l'abbaye d'Orval : une présence aimante et transformante. Je me souviens encore de la grande attention avec laquelle

---

14. Jacques Brel, « Voici », 1958.

j'écoutais tout ce qui se disait là, essayant d'y comprendre quelque chose.

Un peu intimidée, je questionnai la responsable de notre groupe en aparté, et lui avouai que je n'avais pas souvent mis les pieds dans une église ; elle me parla un peu de Dieu, de Jésus, de baptême, de la communion, m'offrant de rencontrer l'aumônier si je le souhaitais. Me hasardant peu après à parler de cette conversation avec ma grand-mère — que je voyais parfois entrer dans une église, et qui, donc, y comprendrait peut-être quelque chose — je l'entendis, à ma stupéfaction, m'apprendre que j'étais déjà baptisée ! Je me souviens très bien que j'en ai presque été fâchée. On m'avait tant dit et répété, face à mes questions philosophiques ou religieuses, que je choisirais moi-même « quand je serais grande », et voilà qu'on m'avouait que ma famille avait sacrifié à un rite auquel elle ne croyait pas vraiment, par simple convention sociale… Difficile lorsqu'on est jeune de s'accommoder des « inconséquences » des adultes…

Après mûre réflexion, je demandai à rencontrer l'aumônier, aussi curé de la paroisse, qui me prépara à recevoir l'Eucharistie pour la première fois. Je ne garde presque aucun souvenir de ces rencontres de préparation. Je garde seulement mémoire du désir qui m'animait alors d'approfondir le sens de la présence que je ressentais, désir qui est encore aussi vivace aujourd'hui qu'au premier jour. Ma recherche, éveillée par la présence qui m'avait touchée, se poursuivait un peu à tâtons. Je posais en fait fort peu de questions, assimilant simplement la transformation intérieure. Une paix, une joie et une force nouvelles m'habitaient.

Dès que j'en avais le temps, si je passais devant une église, j'y entrais pour quelques moments, en silence. Le mot prière faisait-il alors partie de mon vocabulaire ? Sans doute pas vraiment encore. Il me fallait en apprivoiser beaucoup, des mots… *Dieu le Père*, le *Fils*, *l'Esprit Saint*… Le chemin serait encore long pour les comprendre vraiment… Les prières de l'Eucharistie, je les apprenais à force de les entendre répéter. Et le Notre Père en faisait partie.

Peu de temps après, un ami m'offrit un petit livre qui tenait dans la paume de ma main : un exemplaire de l'Évangile selon saint Marc. Comme tout livre qui passait à ma portée, et toujours animée du même désir d'apprendre, je m'empressai de le lire. Mais ce livre-là n'était pas comme les autres. Au détour de ses pages, je retrouvais cette même présence qui avait touché mon cœur. Tous ces récits semblaient si lumineux, si « évidents », si vrais. Ces pages me parlaient bien d'un Dieu vivant, proche, aimant…

Moi qui, avec ma meilleure amie de l'époque, n'avait pas manqué de sourire de ces gens qui accordaient tant d'importance à un Dieu « qui n'existait pas »… voilà que j'étais sérieusement en train de « réviser ma copie ». Mes opinions bien établies ne tenaient plus la route. Une autre réalité était en train de tout bousculer et bouleversait mes certitudes de petite athée convaincue. Je me souviens encore de l'effort intellectuel consenti pour admettre que je m'étais trompée.

Mais je sais aussi que l'ouverture d'esprit dans laquelle j'avais été éduquée m'a facilité cette démarche. La forme d'éducation dont j'ai bénéficié est un réel cadeau, et j'en suis reconnaissante à mes parents et grands-parents comme à mes professeurs. En disant cela, je pense en particulier à une femme merveilleuse, professeur de morale laïque qui m'a beaucoup marquée, et dont j'ai appris récemment avec émotion qu'elle encourageait le dialogue entre catholiques et libres penseurs. Si elle lit un jour ces mots, elle se reconnaîtra, je l'espère.

Je ne sais si mes amies de l'époque ont pu comprendre ma démarche, mais je sais qu'elles l'ont respectée. Quant à mon père et sa compagne, ils n'étaient pas vraiment dans la confidence : on m'avait appris que la foi était une affaire personnelle — j'avais dûment pris note ! Pour ce qui est de ma grand-mère paternelle — dont j'avais fini par comprendre qu'elle était celle à qui je devais le baptême — je soupçonne qu'elle devait se réjouir de ce « tournant » mais nous n'en parlions jamais.

Bref, rien en moi ni autour de moi ne m'empêchait d'approfondir encore ma recherche. Et le silence, qui avait toujours eu une part dans ma vie — pour favoriser la lecture ou la contemplation des beautés de la nature — allait ouvrir en moi l'espace nécessaire à la prière.

L'année de mes quatorze ans, le 22 décembre 1975, j'allais à nouveau être touchée par la réalité de la mort, sous la forme d'un deuil douloureux : le décès de mon grand-père paternel, mon meilleur ami d'enfance. Cet homme paisible et silencieux avait toujours été, au cours des années d'épreuve, un roc sur lequel je pouvais m'appuyer. Ma main dans sa main, lors des longues promenades sur la plage, je me sentais invincible. Je garde particulièrement en mémoire une balade lors des vacances de Noël de 1964 : la neige tombait à gros flocons et je marchais en lui tenant la main, les yeux levés, fascinée par les tourbillons blancs, sans même regarder où je mettais les pieds.

Il m'avait appris à lire, à écrire, à compter — avant mon entrée à l'école — et à dessiner. Nous parlions peu, mais je savais qu'il comprenait tout. Sa disparition reste un des plus grands chagrins de ma vie. J'ai pleuré longtemps ; je me sentais orpheline. Quant au mystère de la résurrection… cela restait encore un mot bien vague. Oui, un bien « gros mot » pour ma foi « toute neuve ». Si la mort n'était pas la fin de tout, la belle affaire ! cela ne changeait pas grand-chose à mon deuil du moment. Mon grand-père n'était plus et pour moi, c'était bien la fin de beaucoup de choses ; en tout cas la fin de ce qui pouvait me rester de l'insouciance de l'enfance.

Mais, cette fois encore, l'épreuve ne m'a pas menée au désespoir. J'avais mal, mais je n'étais plus seule. La présence de Dieu était devenue plus réelle. Je crois bien que c'est à partir de ce moment que j'ai, de façon consciente, commencé à consacrer du temps à la prière. Je continuais aussi à lire avec bonheur les récits évangéliques.

Et, dans les années 1970, l'Église que je découvrais était toute animée de la vitalité du renouveau insufflé par le concile Vatican II :

entre groupes de prière et lieux de partage de foi, je me faisais de nouveaux amis et commençais, petit à petit, à me sentir à ma place dans cette Église. Et c'est alors que j'appris à envisager la foi, non plus seulement comme une affaire personnelle, mais comme un trésor que l'on partage, et qui s'enrichit du fait même de ce partage.

Du point de vue des valeurs morales, je retrouvais chez mes amis catholiques les mêmes valeurs d'amour, de respect, d'entraide et de partage qui étaient déjà les miennes. La « nouveauté » se situait pour moi à un autre niveau que celui de la morale : celui de la découverte de Dieu ; un Dieu créateur, présent dans l'histoire de nos vies ; un Dieu aimant, agissant et transformant ; un Dieu qui accueille, qui donne, se donne et pardonne. Un Dieu venu, dans la personne de son Fils, cheminer avec nous sur nos routes, nous dire et nous redire combien le Père nous aime, nous dire la valeur unique de chacune de nos vies et nous démontrer, par sa mort et sa résurrection, que nous ne sommes pas seuls dans nos épreuves et que, contrairement aux apparences, la mort n'est pas le dernier mot de tout.

Dans mes choix de vie comme dans mon agir, je découvrais peu à peu une motivation nouvelle. Jusqu'alors, mes actions, lorsqu'elles se voulaient bonnes ou généreuses avaient à leur source une conviction morale et humaine. Je découvrais maintenant la dynamique que l'amour de Dieu peut imprimer à une vie. Aimer, parce que nous sommes aimés ; donner parce que nous avons tant reçu ; pardonner parce que nous sommes pardonnés.

Et cette présence de Dieu retrouvée au fil des pages d'Évangile, au cœur des églises, et dans la joie du partage, j'allais, dans les années qui suivirent, apprendre aussi à la retrouver au-dedans de moi-même, habitant mon cœur et mon être, à l'intime de ma propre prière. J'ignorais alors que ma quête serait celle d'une vie toute entière. Comme l'exprime si bien Christian de Chergé : « Qui peut prétendre « avoir trouvé Dieu » ? Dieu ne montre que ses traces mais l'avoir *pressenti* nous lance de plus belle à sa poursuite.

La *foi* ne saurait se définir que comme une recherche, une quête inlassable de ce Dieu dont on sait qu'Il est, et aussi qu'Il nous échappe toujours. [...] Significatif que l'évangile commence et s'achève par la même phrase de Jésus : *Qui cherchez-vous ? Qui cherches-tu ?*[15] »

Oui, ma recherche se poursuivait. Même si j'avais l'impression de ne pas trop savoir « comment faire », j'apprenais à prier. Et grandissait dans mon cœur un désir d'absolu... Si l'amour de Dieu était si grand, ne valait-il pas la peine de tout lui donner en retour ? Ferveur de jeune convertie, diront certains avec un sourire... Oui, peut-être... mais c'est bien vers cela qu'allait s'orienter ma vie. J'étais heureuse dans mes études, mes engagements dans les mouvements de jeunesse et envers des causes humanitaires, dans mes activités sportives et mes autres loisirs ; mais, de plus en plus, l'essentiel était ailleurs.

Un appel se faisait jour en moi, et je voulais tenter d'y répondre. Mon désir était grand de transmettre la foi qui m'habitait, de partager à d'autres la Bonne Nouvelle. Être missionnaire, alors ? Mais où ? Je crois bien que j'aurais voulu aller « partout ». Un désir « d'aventure spirituelle », en quelque sorte, qui venait se greffer sur un « rêve humain ».

Depuis l'enfance, j'étais littéralement fascinée par la notion d'infini. Je pouvais passer des heures à contempler le ciel et surtout, lors de nos vacances, la mer... La mer qui avait pris pour moi la forme d'un rêve de carrière : entrer dans la marine pour parcourir le monde, sans attaches et sans limites. Mon rêve m'avait conduite, à l'aube de mes dix-sept ans, à me présenter au bureau de recrutement de la marine marchande, pour m'entendre répondre — autre époque ! — que, si l'on embauchait des femmes dans la ma-

---

15. « Dieu pour tout jour », Christian de Chergé, *Les Cahiers de Tibhirine*, vol. i, première édition 2004, p. 12.

rine, c'était uniquement pour du travail de bureau. Les femmes n'embarquaient pas à bord des navires ! Alors… entrer dans la marine pour finir dans un bureau ? Non, merci !

Il n'est pas rare que les rêves de jeunesse se brisent aux réalités de la vie, mais j'ai toujours gardé de celui-là un attrait pour l'infini qui ne s'est jamais démenti.

J'ai continué pendant un certain temps à envisager des professions plus « classiques » comme l'enseignement des langues, mais l'appel entendu au profond de mon cœur ne désarmait pas. J'eus l'occasion de faire quelques retraites pour approfondir ce discernement, et je décidais enfin de le concrétiser, sans d'abord savoir où ni comment.

Cela peut faire sourire mais, être missionnaire en un seul endroit me paraissait bien limité : c'est alors que je tombai sur les écrits de sainte Thérèse de l'Enfant-Jésus, que ses désirs d'infini avaient menée dans un monastère ! Paradoxe d'une vie circonscrite en un lieu précis mais qui, par la prière, ouvrait sur le monde, et dont rien ne pouvait limiter le rayonnement.

Mais des monastères, à part Orval, je n'en connaissais pas… Et c'est alors un peu un concours de circonstances qui a guidé mes pas là où je n'aurais pas pensé aller. Ma première « fenêtre » sur la vie monastique avait été une abbaye cistercienne. Mais le premier monastère féminin dont j'entendis parler fut le monastère du carmel d'Argenteuil, situé à quelques kilomètres à peine de chez moi, dans les beaux vallons de la campagne du Brabant wallon.

Aux questions que je posais à l'époque sur la vie cistercienne, il s'était trouvé des personnes pour me répondre que cette vie-là était la forme de vie monastique la plus stricte qui soit, et que ce serait sans doute trop dur pour moi… Avec le recul des années et une meilleure connaissance de leur vie, je ne peux que penser que mes amis cisterciens apprécieront… Mais ce qui me frappe surtout en écrivant ces lignes, c'est la façon dont des circonstances banales peuvent guider nos choix. Et le cadeau, c'est lorsqu'on sait apprendre à y voir, en les relisant, non plus des détours, mais un chemin qui en a valu la peine… Ne savons-nous pas tous ce que nous gagnons en émerveillement à prendre les petites routes de campagne plutôt que les autoroutes ?

À Argenteuil, je rejoignais une communauté assez vivante, dont les jeunes n'étaient pas absentes. Même si les premières années de ma vie religieuse allaient encore être marquées par des épreuves familiales — du côté de mon père cette fois — j'allais, dans ce milieu, doucement m'épanouir, et continuer ma découverte de Dieu et de sa présence dans ma vie.

Dans une vie rythmée par le travail manuel et la prière, l'esprit se libère peu à peu, et le temps devient un allié qui nous aide à intégrer les expériences de la vie. Le silence, même si son omniprésence se vit au début comme une ascèse bien exigeante, ouvre un espace de contemplation où, au quotidien, Dieu se donne à rencontrer et à aimer. Comme l'écrit si bien Maurice Zundel : « Le silence est quelqu'un que l'on regarde, en qui l'on vit, quelqu'un que l'on respire et dont la présence, justement, suscite continuellement l'émerveillement et le respect. Il est de toute importance pour nous que chaque jour nous découvrions un chemin tout neuf et un Dieu tout neuf[16]. » Quant à la vie communautaire, elle se révèle comme un creuset et un espace de conversion du cœur.

À l'école des grands maîtres spirituels — Jean de la Croix et Thérèse d'Avila — mon expérience de foi allait s'approfondir, même si la découverte de « l'école spirituelle » qui allait marquer ma vie d'une façon plus définitive ne viendrait que plus tard. Au monastère, le temps pour la lecture fait partie de l'horaire quotidien, et la bibliothèque du monastère saurait combler ma soif presque insatiable en ce domaine.

---

16. Maurice Zundel, cité dans *RiveDieu*, février 2012, n° 9, p. 32.

Mon idéal missionnaire trouvait le terrain idéal pour s'épanouir. Nos contacts avec des missionnaires étaient nombreux et une profonde amitié spirituelle nous unissait à ceux et celles, prêtres, religieux et laïcs qui œuvraient au loin. Leurs visites et leurs récits ne pouvaient qu'alimenter notre ferveur et l'élan de notre prière.

Mais c'est aussi dans le travail quotidien que j'allais faire une expérience qui allait marquer de façon indélébile ma perception de l'amour de Dieu.

Dans notre monastère, le travail était varié et j'allais bientôt compter, au nombre de mes emplois, celui de bergère. Un petit troupeau de brebis de race Suffolk nous aidait à maintenir nos quatre hectares de terrain, et j'allais être initiée au travail de bergère ; travail exigeant, mais beau comme une page d'évangile.

Nous avons tous en mémoire les paroles de Jésus dans l'évangile de Jean : « *Je suis le bon pasteur ; et je connais mes brebis et mes brebis me connaissent, comme le Père me connaît et que je connais le Père et je donne ma vie pour mes brebis*[17]. » Des paroles qui témoignent d'une intimité réelle qui fonde un amour tout aussi réel. Des paroles symboliques ? Certes non. Jésus a bel et bien donné sa vie pour nous.

Ou encore la parabole racontée par Jésus dans l'évangile de Luc : « *Lequel d'entre vous, s'il a cent brebis et vient à en perdre une, n'abandonne pas les quatre-vingt-dix-neuf autres dans le désert pour s'en aller après celle qui est perdue, jusqu'à ce qu'il l'ait retrouvée ? Et, quand il l'a retrouvée, il la met, tout joyeux, sur ses épaules et, de retour chez lui, il assemble amis et voisins et leur dit : « Réjouissez-vous avec moi, car je l'ai retrouvée, ma brebis qui était perdue ! » C'est ainsi, je vous le dis, qu'il y aura plus de joie dans le ciel pour un seul pécheur qui se repent que pour quatre-vingt-dix-neuf justes qui n'ont pas besoin de repentir*[18]. »

---

17. Jean *10*, 14.
18. Luc *15*, 4-7.

Pour la plupart des gens aujourd'hui, l'image du berger ne signifie peut-être plus grand-chose, sauf dans leur imaginaire, car nous ne rencontrons plus de bergers au coin des rues. Mais pour Jésus, la vie des bergers faisait bel et bien partie du quotidien, et il savait de quoi il parlait.

Les bergers pouvaient lui parler de leur travail, de la façon qu'ils ont de reconnaître chacune de leurs brebis, qui semblent toutes identiques aux yeux des autres, et du devoir de veiller pour les protéger du danger. Et j'ai pu expérimenter moi-même la joie de cheminer avec elles, de les voir répondre à ma voix, d'être témoin de leurs jeux et de leur façon de vivre ensemble ; j'ai appris à connaître leurs caprices et leurs défauts de caractère. Je peux vous dire les moments passés à rechercher une brebis (toujours la même...) dont la toison s'est prise dans les ronces parce que sa gourmandise l'a entraînée à essayer de manger quelques fleurs hors de sa portée. Je peux vous dire les faiblesses physiques sur lesquelles il fallait veiller et les soins quotidiens, comme le manque de sommeil au temps de la naissance des agneaux. Bref, j'aurais autant d'histoires uniques à vous raconter que j'ai eu de brebis et d'agneaux dans mon troupeau. Et en contant cela, je ne ferais que décrire l'amour et les soins d'une bergère bien humaine...

Pensons alors un moment que Jésus nous affirme : « *Je suis le bon pasteur* » ! Le bon Berger. Celui qui n'est pas soumis au péché et à la faiblesse humaine, celui qui nous aime sans compromission et sans relâche, alors qu'il connaît bien les limites de notre cœur ; celui qui toujours se mettra en route avec une infinie patience pour nous ramener dans ses bras quand nous nous égarons, et ne se lasse jamais de nous pardonner et de nous envelopper de son amour transformant. Dans ce passage d'Évangile, c'est un peu comme si Jésus nous disait : « Si un berger humain peut aimer ainsi son troupeau, comprenez-vous de quel amour vous êtes aimés ? » L'amour dont il nous témoigne n'est autre que celui dont le Père l'aime et nous aime de toute éternité, et auquel Jésus donne visage humain :

non pas un amour vague et impersonnel, mais un amour qui nous accompagne à chaque moment de notre vie. Celui du Berger qui nous appelle par notre nom.

L'expérience de l'amour de Dieu et de sa présence en ma vie s'enrichissait ainsi d'une expérience bien concrète, comme une parabole expérimentée au quotidien. Encore aujourd'hui, des années plus tard, lorsque je traverse des moments difficiles, mon expérience de bergère me revient à la mémoire, comme un petit signe lumineux : et je sais que mon Berger veille...

L'amour de Dieu approfondi dans l'expérience du quotidien, au cœur de la prière et partagé dans la vie communautaire, voilà ce qui allait paisiblement tisser ma vie pour plusieurs années. « La sainteté m'a longtemps intéressé, jusqu'à ce que je trouve mieux qu'elle : la vie de chaque jour, la simple vie sans prestige, fatiguée et ravaudée par endroits, comme un drap de coton un peu lourd qui a beaucoup servi, avec des initiales brodées de rouge [19]. » Oui, c'est bien la simplicité de la vie quotidienne qui allait être le creuset où prendrait de plus en plus forme ma réponse à l'amour qui s'était révélé à moi. La simplicité d'un bonheur, vécu dans la paix et la joie et dont le point d'orgue fut incontestablement mon engagement définitif dans cette communauté, mes vœux solennels : un moment de bonheur profond que je me suis plu à penser « éternel ».

J'étais loin de me douter, le 22 mars 1986, que la Providence allait ouvrir d'autres chemins, me conduire encore là où je ne pensais pas aller, et qu'une autre expérience de mort et de résurrection me mènerait sur des chemins qui frôleraient l'abîme.

❧

---

19. Christian Bobin, *Prisonnier au berceau*, *op. cit.*, p. 71.

D'autres horizons,
une « autre mission »

OUI, mes horizons humains et géographiques allaient bientôt s'élargir… Mais avant cela, il allait en être de même pour mes horizons spirituels. Nourrie depuis près de dix ans par la lecture des grands maîtres de la spiritualité carmélitaine, j'expérimentais cependant toujours une sorte d'insatisfaction, comme si quelque chose dans l'expression de cette spiritualité ne correspondait pas aux mots que je cherchais encore pour exprimer mon expérience.

Certes, j'aimais la spiritualité du Carmel, qui garde de ses origines sur le mont Carmel au XIIIᵉ siècle et de son inspiration biblique puisant dans l'histoire du prophète Élie, un côté érémitique fortement marqué. Mais je me souviens aussi comment l'image de la « montagne à gravir », développée à la fois par saint Jean de la Croix dans *la Montée du Carmel,* que par sainte Thérèse d'Avila dans *le Chemin de la Perfection,* me laissait avec le sentiment que « je n'y arriverais jamais ». Étant par nature exigeante envers moi-même, il est bien certain que ces images éveillaient chez moi, sans doute inconsciemment, une bonne dose de volontarisme...

Bref, si j'étais heureuse, quelque chose en moi ne s'épanouissait pas encore pleinement, et j'ai eu souvent l'impression de presque m'épuiser dans l'effort intérieur pour correspondre à ce que je croyais être l'idéal.

S'il est vrai que les grands auteurs spirituels parlent tous d'une même réalité — l'amour de Dieu pour nous et le chemin à emprunter pour accueillir et répondre à cet amour — ils utilisent des images différentes, liées à leur propre expérience de vie, et dont certaines nous correspondent plus que d'autres, d'où les affinités spirituelles que nous développons avec l'un ou l'autre au cours de notre vie...

Lors d'une retraite prêchée par le père Pierre Gervais, s.j. lors de la Semaine Sainte de 1989, un passage d'un de ses enseignements dissipa un peu le malaise diffus qui m'habitait. Commentant la parole de Jésus lors du discours après la Cène, « *Père, ceux que* tu m'as donnés... [20] », il nous disait : « Le Père n'est pas devant nous et, dans le meilleur des cas, on y arrivera ! [...] Il y a un mouvement qui part du Christ et nous conduit au Père, mais ici nous sentons qu'il y a aussi un autre mouvement : C'est le Père qui nous conduit au Fils, qui nous donne à son Fils. Le Père donne le Fils au monde, mais aussi, il nous confie, chacun et chacune d'entre nous, comme un cadeau qu'Il fait au Fils. [...] Pour Jésus, « garder la parole du Père », c'est garder chacun et chacune de ceux que le Père lui a donnés. Notre vie est (et nous n'en prenons pas assez conscience), dès l'origine, foncièrement *intratrinitaire*. Elle se situe dans un *don mutuel* que se font le Père et le Fils. »

Soulagement intérieur profond : comme si une seule parole de l'Écriture, réentendue « différemment » me libérait enfin de mes

---

20. Jean *17*, 9.

« efforts » pour m'ouvrir davantage à la gratuité et à la liberté de l'amour. Aujourd'hui encore, je me souviens, comme si c'était hier, de la paix intérieure éprouvée alors. Moment clé qui rejoignait ma toute première expérience de Dieu : celle d'un amour gratuit et premier qui n'attend pas nos « efforts » pour se donner.

La découverte, l'année suivante, d'un grand maître spirituel allait venir confirmer cette intuition et me donner des mots et des images plus « ajustés » à ma propre expérience intérieure. En 1990, l'Église soulignait le neuf centième anniversaire de la naissance de saint Bernard. Cette année de célébration aiguisa ma curiosité et m'amena à commencer la lecture de ses écrits, aidée heureusement en cela par un ami moine trappiste qui sut m'en donner les clés de lecture.

Je n'oublierai jamais l'éblouissement provoqué par la découverte de cette phrase où saint Bernard exprime le cœur de sa spiritualité : « *Amati amamus. Amantes amplius meremur amari* [21] » ; littéralement : « Aimés, nous aimons. Aimant, nous méritons d'être aimés davantage. »

Gratuité totale de l'amour de Dieu, qui ne demande que l'amour en retour…

Et depuis ce moment, j'ai eu le bonheur de me nourrir amplement des écrits des pères cisterciens qui ont su enrichir ma vie spirituelle de leurs « harmoniques », en vrais chantres de l'amour qu'ils sont. Délivrée d'une conception trop volontariste de la vie, je pouvais alors continuer à m'épanouir dans cette vie de recherche de Dieu, et je continuai ma route… carmélite nourrie de spiritualité cistercienne.

---

21. Saint Bernard, Lettre 107, 8.

Avec l'idéal missionnaire qui m'animait toujours — et que la lecture des écrits de saint François-Xavier et de Marie de l'Incarnation, découverts à cette même époque, n'avait rien fait pour diminuer — mon cœur restait ouvert aux appels de l'Esprit. J'entendais parler régulièrement des monastères de carmélites en Terre Sainte, berceau de l'ordre, qui ne pouvaient vraiment compter sur des vocations locales et avaient toujours besoin de l'aide de religieuses venues d'autres pays. Longtemps, il me sembla y pressentir un appel à élargir mes horizons et à répondre à l'appel de Dieu sous d'autres cieux. Après un temps de discernement, j'avais pris la décision, avec l'accord de la prieure, de me rendre disponible pour aider un de ces monastères.

Mais je n'en eus pas le temps. Les circonstances allaient en décider autrement et une visite inattendue allait m'ouvrir des horizons bien autrement dépaysants.

Un soir de novembre 1992, on nous annonça pour le lendemain la visite de mère Marie-Emmanuelle, supérieure du carmel de Cyangugu, au Rwanda. Moniale du monastère de Kigali, elle était partie, avec un groupe de sœurs, commencer la fondation d'un nouveau monastère à Cyangugu, au bord du lac Kivu. Accompagnée du père Daniel, carme qui œuvrait alors à Bukavu, elle faisait une tournée des monastères belges pour parler de sa nouvelle fondation et — nous disait-on — pour demander de l'aide matérielle. Le soir de son arrivée, elle nous a présenté des diapositives du nouveau monastère, encore en construction, et des sœurs de la communauté.

Je me souviens fort bien avoir « vibré » à cette présentation, mais avoir tout aussitôt mis cette idée de côté. La pénurie des vocations est loin d'être le problème de l'Afrique, et la dernière carmélite belge avait quitté le Rwanda en 1989. Deux monastères y étaient alors solidement implantés. Nul besoin de dire qu'elles n'avaient certainement pas besoin d'aide autre que financière.

Le lendemain, alors que j'étais chargée de lui faire visiter les ateliers du monastère, elle me bombarda littéralement de questions pratiques sur la façon dont ceux-ci étaient organisés, pour finale-ment me déclarer : « C'est bien difficile d'organiser des ateliers à partir de rien dans une nouvelle fondation... Ce serait bien d'avoir une sœur d'ici pour nous aider dans les débuts... »

Aujourd'hui encore, il m'est difficile de décrire ce que j'ai ressenti à ce moment. Je considérais alors ma vie comme certainement « bien établie », et l'Afrique n'avait certainement jamais fait partie de mes « projets ». Mais cette seule petite phrase fit bien plus que bousculer ma tranquillité... Je me suis sentie profondément in-terpellée par un appel que je n'avais pas vu venir. Nous en avons parlé un moment. Notre communauté venait alors d'être ébranlée par un départ douloureux, et le moment n'était pas le plus appro-prié pour nous demander de l'aide... Je lui promis d'en parler à mère prieure à un moment plus propice. Inutile de dire que je me donnais aussi par là le temps de la réflexion...

Mais le temps que je me donnai pour le discernement ne fit que rendre plus évident encore ce que j'avais d'abord ressenti comme un « dérangement imprévu »... Je me risquai donc à en parler à mère prieure. Dans les circonstances, la nouvelle ne fut pas aisée à accueillir. Mais elle sut, elle aussi, accepter l'inattendu et apporta la question à la communauté. Généreusement, la communauté ac-cepta de me laisser partir, et je pus alors commencer mes préparatifs.

Des préparatifs à bien des niveaux, et qui rendirent les six mois qui suivirent des plus intéressants. Avec ce que je connaissais de la situation du monastère et des ressources locales, j'évaluai ce qui pourrait être le plus utile au niveau des ateliers. J'ai pu visiter une fabrique de cierges et parfaire mes connaissances en ce domaine, et rassembler un minimum de matériel pour me permettre de com-mencer un atelier. Je rassemblai aussi des livres pour la bibliothèque du monastère à peine fondé et, avec l'aide d'une amie pharma-cienne, des médicaments pour la pharmacie.

Mais, bien plus important encore, j'eus à cœur d'en savoir da-vantage sur l'histoire et la culture du pays, et je voulais aussi, même si toutes mes consœurs là-bas parlaient le français, apprendre au moins les rudiments de leur langue. Sans parler d'en apprendre davantage sur la situation politique… Nous savions que, depuis 1990, une « guerre civile » ravageait le Nord du pays. Quelles en étaient réellement les conséquences sur le terrain et prenais-je des risques en partant vivre là-bas ?

À qui m'adresser pour en comprendre davantage, sinon à des Missionnaires d'Afrique qui avaient vécu vingt ou trente ans, ou davantage, au Rwanda ? Ils m'ont volontiers partagé leur expérience, leur connaissance du peuple rwandais et de sa culture et leur amour pour ce pays. Leur attachement et leur admiration pour ce peuple étaient contagieux et j'eus vite hâte d'en découvrir davantage par moi-même. La plupart d'entre eux avaient vécu au Rwanda à l'époque de précédents conflits meurtriers, mais cela ne les empêchait pas d'espérer, pour ce pays, un avenir de paix. Ils me disaient aussi ne voir aucun risque particulier à mon départ.

Ils m'ont fourni livres et cassettes pour commencer à apprendre la langue, le kinyarwanda. Des amis jésuites m'ont, de leur côté, fait rencontrer des rwandais qui vivaient alors en Belgique. Je garde de ces rencontres un souvenir chaleureux qui ne fit qu'accroître mon envie de me lancer dans l'aventure.

Parlant d'aventure, l'apprentissage de la langue n'en fut que le début. Dans ma famille, j'avais toujours appris l'importance et la valeur, quand l'occasion en était donnée, d'apprendre différentes langues. Dès ma naissance, j'avais eu la chance de baigner dans une atmosphère où nous parlions aussi bien le dialecte bruxellois que le français, et le néerlandais avec ma grand-mère paternelle. Lors de mes études secondaires s'y ajoutèrent l'apprentissage de l'anglais, du latin, et de l'allemand. Autant d'occasions d'ouverture à d'autres réalités et d'autres cultures… Mais le kinyarwanda ! — je vois d'ici sourire mes amis rwandais — une aventure en soi… Il ne s'agissait plus seulement d'apprendre un autre vocabulaire dans une langue au fonctionnement relativement similaire. Il s'agissait purement et simplement d'entrer dans un autre univers linguistique, et dans la compréhension d'une langue à la structure différente (mais oui, l'accord peut se faire au début des mots...).

« *Quitte ton pays...* [22] », c'est aussi quitter ses façons de penser, son univers culturel, ses certitudes, et cela peut commencer le nez plongé dans un livre pour apprendre les premiers rudiments d'une langue. Et ce n'était là que le début d'un dépaysement et d'un tournant de ma vie dont je ne soupçonnais rien encore.

Avant mon départ, j'eus le grand bonheur de passer huit jours de repos et de retraite au lieu source de ma vie spirituelle et lieu de ma « rencontre de Dieu », l'abbaye d'Orval. Un temps de ressourcement bien utile avant d'entreprendre la « grande aventure ». Un temps dont je profitai aussi pour enrichir ma bibliothèque personnelle de quelques volumes de saint Bernard et du bienheureux Guerric d'Igny, ainsi que d'un petit livre dont je ne me sépare plus : la *Règle* de saint Benoît [23].

Enfin, après six mois de préparatifs de toutes sortes, vint le moment du départ, le 23 juin 1993 pour le pays des Mille Collines, que l'on aime appeler aussi le pays du printemps perpétuel. Ce départ portait toute l'anticipation de la découverte ; quelque chose entre la fraîcheur de l'aube et la lumière entrevue au travers d'une porte qui s'ouvre. En même temps, quittant le monastère où j'étais entrée, presque jour pour jour treize ans auparavant, j'éprouvai l'impression confuse d'une porte qui se refermait derrière moi, d'un départ sans retour. Impression à laquelle je n'accordai guère d'importance à ce moment. Quoi de plus normal, somme toute, puisque je partais vivre dans un autre monastère, à plus ou moins huit mille kilomètres de chez moi...

---

22. Genèse *12*, 1.
23. La règle de saint Benoît est une règle monastique écrite par Benoît de Nursie, vers 540, pour guider ses disciples dans la vie monastique communautaire.

Le Rwanda est un pays idéalement situé sur ce que l'on appelle la crête Congo-Nil, approximativement entre mille et trois mille mètres au-dessus du niveau de la mer. L'ensemble du Rwanda est vallonné. La crête séparant le bassin du Congo et celui du Nil parcourt le pays du Nord au Sud en reliant les montagnes des Virunga à la frontière burundaise, parallèlement au lac Kivu, à une altitude de deux mille cinq cents à trois mille mètres. À l'Est de la crête, le plateau central forme une bande d'environ soixante kilomètres de large avant de laisser la place à la plaine orientale parsemée de lacs et de marais. La température y est idéale toute l'année, en raison de l'altitude. Deux saisons sèches alternent avec deux saisons des pluies et durent environ trois mois chacune.

Le vol de huit heures reliant Bruxelles à Kigali me donna l'occasion d'admirer les pourtours de la Méditerranée comme de prendre conscience de l'immensité du Sahara. L'arrivée à Kigali, à la nuit tombée, fut aussi source d'émerveillement : la paix et la douceur de la nuit africaine, alliée à la chaleur de l'accueil de mes consœurs, me remplit le cœur de reconnaissance.

Après deux ou trois jours passés à m'acclimater un peu au carmel de Kigali, et à prendre quelques contacts dans la capitale, entre autres avec les Pères Blancs qui y dirigeaient alors le Centre de Langue — aujourd'hui Centre missionnaire Lavigerie —, nous avons pris la route pour rejoindre, à l'ouest du pays, la commune de Cyangugu où se trouvait le monastère, fondé depuis à peine un an. La traversée du pays me remplit les yeux et le cœur d'images dont la mémoire est encore vive à ce jour. Les cinq heures de trajet en autobus m'ont fait comprendre que le « pays des Mille Collines » n'avait pas volé son nom. Mon sens de la contemplation des beautés naturelles allait trouver ici de quoi largement s'exercer. Et la découverte de l'emplacement du carmel de Cyangugu, situé sur une des collines qui font face au lac Kivu, frontière naturelle avec la République Démocratique du Congo, n'avait rien pour diminuer mon émerveillement.

Mais j'apprendrai vite, et un peu douloureusement, que l'admiration inconditionnelle des merveilles naturelles est relativement un « luxe » d'occidentaux. À un de mes commentaires admiratifs face au panorama du lac Kivu, j'ai entendu une de mes consœurs me répondre : « Tu trouves ça beau, toi ? » Et j'ai compris alors que, lorsqu'on doit, depuis l'enfance, se battre pour trouver les ressources nécessaires à sa vie, on n'a guère le loisir d'admirer le paysage, et que l'aridité du sol à cultiver met un sérieux bémol à la beauté des collines.

L'accueil chaleureux des sœurs de la communauté me rendit les débuts plus faciles, et contribua à alléger ce qui se révélera vite comme un dépaysement brutal. Il me fallut d'abord surmonter la fatigue causée à la fois par le voyage et l'accoutumance à l'altitude et au climat. Mais, au-delà du dépaysement, il y avait aussi l'ajustement à une autre mentalité et à une autre façon de penser. Quand la notion de politesse ne recouvre pas la même réalité que celle apprise dès l'enfance et que l'expression des émotions personnelles n'a guère sa place dans les relations quotidiennes, le défi est grand.

Oui, « quitter son pays » est bien davantage qu'une notion géographique et implique une sortie de soi par moments bien douloureuse. Mais je regarde aujourd'hui comme une grande grâce le fait que j'étais la seule religieuse de la communauté venant d'ailleurs. Le sentiment d'avoir tout à réapprendre de la vie communautaire m'a certainement apporté une plus grande ouverture d'esprit et a définitivement élargi ma notion « d'accueil de l'autre ». De plus, il ne s'agissait pas vraiment pour moi « d'accueillir et d'accepter l'autre », mais bien de m'en faire accepter. L'étrangère, c'était moi… Petit exercice d'humilité bien salutaire.

Doucement, je m'ajustais au rythme d'une nouvelle vie, dans la chaleureuse simplicité de l'Afrique et je commençais à me sentir à l'aise dans ma nouvelle communauté. Nous apprenions à nous connaître et à nous apprécier. Et c'est en faisant plus ample connaissance avec chacune de mes consœurs que j'allais réaliser et comprendre davantage les tensions qui déchiraient le pays. L'histoire de chacune de leurs familles portait son lot de morts violentes lors de précédents affrontements inter-ethniques, et la peur avait marqué chacune de leurs histoires.

Elles appartenaient bien sûr aux deux principaux groupes ethniques du pays, et j'étais parfois témoin des tensions que leur faisaient vivre les événements d'une douloureuse actualité. Ces tensions pouvaient se manifester lors de réunions qui impliquaient des prises de décision communautaires ; mais je ne peux que dire ici mon admiration pour la façon dont, au-delà des différends bien naturels à leur histoire et à leur culture, elles avaient à cœur de vivre l'Évangile et de fonder leur vie communautaire dans un amour fraternel bien concret. Leur courage dans ce domaine m'émeut encore aujourd'hui.

La vie en cet « endroit de rêve » comportait aussi tous les défis d'une fondation récente. Le monastère offrait une présence priante et un lieu d'accueil pour les personnes du voisinage qui souhaitaient venir s'y ressourcer. Mais il était encore en construction, et cette situation faisait sans cesse appel à notre créativité. Ce qui est aujourd'hui la salle de communauté servait alors de chapelle ; et la bibliothèque servait de local pour les rencontres communautaires ; bref, les contraintes du manque de locaux marquaient notre vie quotidienne. Les constructions avançaient au fur et à mesure que l'on trouvait de l'argent pour les payer. D'où l'absolue nécessité de trouver des sources de revenus stables.

La vie s'organisait petit à petit. Les sœurs avaient déjà commencé la fabrication de pain et de pâtes, qui se vendaient principalement aux autres communautés religieuses et aux expatriés. Le terrain, assez vaste, permettait la culture des légumes, et les arbres fruitiers y étaient abondants. Nous profitions aussi de la solidarité d'une communauté établie depuis alors une quarantaine d'années, celle des sœurs trappistines de Notre-Dame de la Clarté-Dieu, à Murhesa, à environ trente kilomètres au nord de Bukavu, en République Démocratique du Congo. Jusqu'à ce que notre jardin nous fournisse tous les légumes dont nous avions besoin, elles nous partageaient généreusement, deux fois par mois, une partie de leurs abondantes récoltes.

De mon côté, j'explorais la possibilité de mettre sur pied une fabrique de bougies et de cierges. Avec l'aide d'un frère bénédictin qui gérait depuis de nombreuses années avec succès un atelier similaire au monastère de Gihindamuyaga, près de Butare, je parvins à faire fabriquer le matériel nécessaire et appris où me fournir en paraffine. En Afrique, l'entraide fraternelle entre communautés n'est pas un vain mot ; c'est tout simplement une valeur essentielle à la survie de chacune.

Je fis aussi construire des ruches et des jeunes m'apportèrent des essaims d'abeilles pour les peupler : ces ruches devraient être ma première ressource de cire et nous envisagions la possibilité de produire des biscuits et des bonbons au miel. Un atelier de fabrication de cartes de vœux complétait le tout. Bref, le revenu de nos ateliers commençait à nous permettre d'envisager l'avenir avec optimisme et nous permettait une solidarité, modeste mais réelle, avec les personnes dans le besoin. La porte n'était jamais fermée à ceux et celles qui venaient y frapper et il arrivait que notre pharmacie fasse office de dispensaire.

Les chambres d'une petite maison située sur le terrain servaient alors d'hôtellerie, principalement pour des séminaristes en retraite ou des jeunes filles souhaitant discerner l'appel du Seigneur dans leur vie. La proximité de l'évêché nous valait des visites assez régulières de notre évêque qui appréciait cette présence contemplative dans son diocèse.

Le temps s'écoulait plutôt paisiblement alors que nos projets prenaient forme. Chaque matin, le bruit de la vie qui s'éveillait dans les collines nous éveillait aussi à la beauté d'un jour nouveau. Pour ma part, ce furent des mois privilégiés où les circonstances en appelaient à ma générosité, et je vivais cela avec bonheur.

Chaque soir, après le travail de la journée et l'office de Vêpres, j'aimais monter sur la colline, juste au-dessus du monastère, pour l'oraison du soir, moment qui coïncidait invariablement avec celui du coucher du soleil sur le lac Kivu ; instants privilégiés pour goûter la paix du soir, et féerie dont il est impossible de se lasser. Juste sous l'Équateur, le soleil se couche relativement vite, et le jour le cède à la nuit en environ une demi-heure. Un bon moment pour faire le point et rendre grâce pour le vécu de la journée écoulée.

Oui, j'étais heureuse au milieu de mes consœurs rwandaises. Cependant, je portais toujours au fond du cœur un attrait de plus en plus grand pour la vie et la spiritualité cisterciennes. La proximité du monastère de la Clarté-Dieu et l'amitié fraternelle qui liait nos deux communautés allaient me fournir, pensais-je, l'opportunité d'approfondir ce discernement. Dans le contexte de notre vie là-bas, il n'était pas rare, en effet, qu'une moniale aille passer un temps de repos ou de retraite dans un monastère ami, même s'il n'appartenait pas à la même famille religieuse.

C'est ainsi que l'opportunité me fut donnée de passer la plus grande partie du mois de février 1994 au monastère Notre-Dame de la Clarté-Dieu. L'accueil de mère abbesse et de la communauté fut sans conditions et je me sentis vite « chez moi ».

Une question ne me quittait pas : « Où le Seigneur m'appelait-il vraiment ? » Dom Guerric, ancien abbé de Scourmont qui était alors aumônier du monastère, m'avait accompagnée lors d'un temps de retraite et m'encourageait à approfondir ma recherche et mon discernement. Il me laissa sur une parole, mot-clé de l'Écriture et premier mot de la *Règle* de saint Benoît, qui reste encore à ce jour un des mots « phares » de ma vie spirituelle : « Écoute ! »

Je quittai le monastère où je venais de vivre un mois inoubliable en me promettant bien de prendre le temps du discernement, dans le dialogue avec mes sœurs carmélites. Mais… les événements allaient en décider autrement.

De retour au carmel de Cyangugu, le travail reprit de plus belle, mais je m'aperçus bien vite aussi que la tension dans le pays ne faisait qu'augmenter. Les accords de paix signés à Arusha, en Tanzanie, entre le gouvernement rwandais et le Front Patriotique Rwandais, en août 1993 (accords qui avaient pour but de mettre fin à la guerre civile qui ravageait le nord du pays depuis 1990) ne semblaient pas donner une bien grande assurance de stabilité pour le pays. Un climat de peur et de méfiance s'infiltrait partout. La tension devenait si grande que parfois, si des gens surprenaient un simple voleur tentant de s'introduire chez eux, il pouvait fort bien arriver qu'ils le tuent, sans autre forme de procès.

Lors d'un de mes voyages à Kigali, pour livrer à des magasins des commandes de nos produits, j'eus l'occasion de visiter un campement de casques bleus, situé sur le terrain d'un collège dirigé par des pères salésiens. Me reste en mémoire le sentiment d'inutilité qui habitait ces jeunes hommes dont la mission était plus qu'aléatoire : maintenir la paix, sans vraiment en avoir les moyens, et sans trop savoir d'où viendrait le danger…

Pour nous, la vie continuait, entre travail, prière et accueil. Je ne peux m'empêcher de me rappeler quelque chose qui m'apparaît, avec le recul du temps, comme une tentative un peu dérisoire, de la part de mes sœurs, de m'épargner « ce qui allait arriver ». Au début du mois de mars, elles ne manquaient pas une occasion de me faire remarquer qu'elles me trouvaient l'air fatiguée, et qu'il serait peut-être sage d'aller prendre un peu de repos en Europe… Leur sollicitude me touchait, mais ma fatigue n'avait vraiment rien d'extraordinaire, et je déclinai l'invitation.

Entre-temps, le Carême se terminait, et nous avons vécu une Semaine Sainte d'une grande intensité, priant instamment pour que la paix advienne dans le pays.

Je garde un souvenir inoubliable de la Vigile pascale et de la fête de Pâques, célébrées comme je ne l'avais encore jamais vu. Nous nous sommes levées dans la nuit pour commencer la célébration de la Vigile vers trois heures et demie du matin. J'avais préparé et allumé le feu, et nous nous sommes ensuite dirigées vers le local qui nous servait de chapelle. Car si les constructions avaient bien avancé, elles étaient encore loin d'être finies. La célébration de la Vigile dura jusqu'au lever du soleil et nous l'avions fait suivre immédiatement de la célébration de Laudes. Ensuite, les sœurs ont sorti les tambours traditionnels devant le monastère, et en ont longuement joué : leur son résonne encore en moi et me laissent, comme ce fut le cas ce jour-là, le cœur habité d'un étrange mélange de joie et de nostalgie.

Nous venions de célébrer le passage de Jésus de la mort à la vie et nous entrions dans le temps pascal, temps par excellence de célébration de la vie en plénitude. Et pourtant… l'atmosphère avait quelque chose de pesant.

Le dimanche et le lundi de Pâques furent des jours de repos et de détente dont bien des moments restent gravés dans nos mémoires. Le lundi, je suis allée me promener avec une des sœurs sur notre vaste terrain. À un moment de notre promenade, j'ai remarqué de minuscules fleurs bleues à nos pieds, et je me suis arrêtée en m'exclamant : « Regarde, Auréa, comme c'est beau ! » Pour l'entendre me répondre, avec un petit sourire : « Oh toi, tu vois toujours ce qui est beau ! »

Derniers souvenirs de ces moments de bonheur…

❧

Quand tout bascule

MALGRÉ tout ce qui « se chuchotait » depuis des mois, qui aurait pu vraiment penser à l'impensable ? Et pourtant, un matin, c'est arrivé… Lorsque nous nous sommes réveillées, le matin du jeudi 7 avril, quelques mots étaient écrits sur le tableau où l'on avait l'habitude de noter les messages à l'attention de toute la communauté : « Prions pour notre pays. Notre président a été assassiné cette nuit. » Un silence lourd régnait dans le monastère et la peur se lisait sur le visage de chacune. Sur les collines aussi, d'habitude si animées, le bruit avait fait place au silence. Les femmes congolaises qui descendaient vers la frontière comme chaque matin pour se rendre au marché de Cyangugu se sont vues refoulées devant une barrière soudain hermétiquement close. Et puis… plus rien que l'horreur sans nom…

Les massacres ont commencé tout autour de nous, comme partout dans le pays. Nous pouvions voir les maisons en feu, entendre les cris et les coups de fusil… Combien de personnes ont frappé à la porte du monastère dans les jours qui ont suivi ? Nous ne comptions pas. Dans un premier temps, alors que mes consœurs étaient terrorisées, je ne voyais ni ne comprenais que j'étais moi-même en danger. Chaque fois que quelqu'un sonnait à la porte, je n'avais donc pas peur d'aller ouvrir. La plupart du temps, il s'agissait d'inconnus apeurés à qui nous offrions un lit à l'hôtellerie, un repas… Parfois, le temps d'aller chercher ce repas à la cuisine et la personne accueillie quelques instants auparavant avait déjà disparu…

Nous étions sans nouvelles des prêtres qui avaient l'habitude de venir célébrer l'Eucharistie au monastère durant la semaine. Le père Daniel, père carme ami de la communauté, était chez lui au Congo, et nous n'avions aucun moyen d'établir un contact. Seul un père jésuite, en poste au noviciat de la Province d'Afrique Centrale à Cyangugu, réussit à braver les barrages pour venir nous rejoindre.

Que se passait-il vraiment ? Un génocide, comme on nous l'a souvent répété depuis et, dans la foulée, le massacre aveugle de tous ceux et celles qui se refusaient à embrasser une idéologie meurtrière. Dans un premier temps, tous ceux dont les « cerveaux » du génocide avaient décidé de se débarrasser furent indistinctement accusés de la mort du président, pour les désigner à la colère d'une population depuis trop longtemps manipulée : les Hutus modérés, les Tutsis, les Belges, et d'autres encore…

Alors, la peur a commencé à nous gagner et les nuits sans sommeil se sont succédées : le danger était partout et il nous fallait prendre des décisions quant à notre sécurité. Les sœurs étaient appréciées du voisinage, et nous pouvions toujours espérer que les habitants se rappelleraient que le monastère était un lieu d'accueil et de paix. Mais les nouvelles qui nous parvenaient ne pouvaient en fin de compte que nous enlever toute illusion : rien, absolument rien, n'était plus tabou. Des femmes enceintes étaient éventrées, et leurs bébés égorgés. Des enfants en âge scolaire, armés eux aussi de machettes, n'hésitaient pas à tuer leurs camarades. Les corps étaient jetés dans les lacs et les rivières, ou plus simplement abandonnés sur les lieux mêmes des massacres. Les prêtres, religieuses et évêques, qui jouissaient habituellement, dans ce pays qui comptait alors quatre-vingt-cinq pour cent de catholiques, d'un grand respect de la population, étaient pourchassés et massacrés comme les autres. Enfin, nous parvint la nouvelle du massacre des dix casques bleus belges à Kigali… [24] Oui, mes consœurs et moi-même avions tout à craindre également.

Alors, quand arriva le coup de téléphone du père Étienne Van Der Straeten, s.j. [25], personne contact pour l'ambassade de Belgique, m'annonçant que la Belgique donnait à ses ressortissants l'ordre de quitter le Rwanda, est venu le moment d'une décision déchirante [26]. Je ne pouvais me résoudre à quitter mes sœurs, mais la réalité du massacre des casques bleus me prouvait aussi que ma présence aurait pu être pour elles un danger supplémentaire.

Après une conversation fort animée, et après qu'elles m'aient promis de tout faire de leur côté pour se mettre à l'abri, je me résolus à accepter de quitter le monastère avec une amie infirmière qui devait fuir, elle aussi. J'eus environ dix minutes pour mettre dans un petit sac de voyage ce que je tenais absolument à emporter. En plus de mon passeport et d'un peu de linge, je me souviens avoir tendu la main vers une petite icône de la Vierge qui m'avait été offerte avant mon départ — et qui depuis ce jour ne me quitte plus — et d'avoir entassé dans mon sac, outre quelques lettres d'amis proches, deux livres qui nourrissaient alors ma vie spiri-

---

24. Ce n'est qu'après mon retour au pays que j'apprendrais la mort de huit autres de mes compatriotes.
25. Décédé à Kinshasa en 2005.
26. Techniquement, le refus d'obéir à une consigne donnée par un gouvernement à ses ressortissants de quitter un pays en cas de danger peut se solder par l'absence de protection dudit gouvernement à l'endroit de ces mêmes ressortissants. Mais la suite des événements nous prouva tristement que, de protection, il n'y en avait de toute façon aucune…

tuelle : la *Règle* de saint Benoît et *les Sermons pour l'année* de saint Bernard. Parmi les lettres se trouvait celle d'une amie qui, lorsque j'étais en Belgique, venait régulièrement me voir au monastère pour de l'accompagnement spirituel. Mariée et mère de trois enfants, elle avait traversé des années difficiles. Souvent déprimée, elle semblait par moments avoir perdu le goût de la vie… Sa lettre, reçue juste avant Pâques, me partageait une grande joie. Elle allait mieux, et se réjouissait de m'annoncer la naissance prochaine d'un quatrième enfant.

Puis vinrent les adieux dont je ressens aujourd'hui encore le déchirement : mais il est de ces moments où il faut savoir partir sans se retourner, pour d'abord simplement survivre, même si cette sorte de départ nous laisse pour toujours avec l'impression d'avoir laissé derrière soi des lambeaux de son cœur.

Et c'est en nous retrouvant sur la route, désespérément à la recherche d'une issue pour sauver notre vie, que les faits nous sont apparus dans toute leur horreur. Nous remarquions les allées et venues des camions de la Croix-Rouge, dont le personnel ramassait des cadavres dans les fossés. Nous nous heurtions à d'innombrables barrages dont on avait l'ironie de nous faire croire qu'ils avaient pour but la sécurité du pays, et à des frontières hermétiquement closes et partout, nous rencontrions des groupes de tueurs, de trop nombreux tueurs.

Nous nous sommes dirigés dans un premier temps vers la préfecture, dans le but d'obtenir un laisser-passer pour quitter le pays. Là, nous avons retrouvé d'autres personnes à la recherche, elles aussi, d'une issue, et nous avons alors décidé de former un convoi qui comptait à ce moment sept véhicules. Les autorités de la préfecture nous expliquèrent que passer la frontière vers le Congo, celle qui était juste sous nos yeux, était impossible, et nous conseillèrent de prendre la route du sud, vers la plaine de Bugarama, nous disant que nous avions plus de chances de quitter le pays par le Burundi. Conseil bien dérisoire… Après une route d'une quarantaine de kilomètres qui nous parut interminable, l'espoir renaissait à la vue de la frontière. Mais ce fut là que la mort semblait nous avoir donné rendez-vous.

À peine nous étions-nous arrêtés devant la frontière fermée et avions-nous commencé à parler avec les douaniers qui ne semblaient guère disposés à nous laisser passer, que des tueurs surgirent de partout et bloquèrent la route en arrière de nous et sur les côtés avec des troncs d'arbres. Nous étions pris au piège et nous retrouvions entourés d'un groupe innombrable de personnes armées de machettes et visiblement sous l'emprise de la boisson. Certains chantaient et dansaient, comme pour célébrer leurs tristes exploits. Mon amie infirmière, depuis quatorze ans au Rwanda, comprenait parfaitement la langue, et la traduction qu'elle me faisait de ce qu'elle entendait ne laissait aucun espoir. Elle m'encourageait cependant à ne rien laisser paraître de mes émotions pour ne pas faire montre de faiblesse et donner ainsi l'impression d'être une proie facile. Nous sommes restés là environ cinq heures, face à une mort certaine, en plein soleil et dans la chaleur devenue étouffante de nos véhicules. Quelque chose allait alors s'imprimer dans nos mémoires, qui allait marquer à jamais nos esprits et nos cœurs de survivants : autant, sinon plus, que la peur insoutenable de mourir découpé par les machettes ou que l'angoisse pour le sort de ceux et celles que nous avions dû laisser : le regard devenu fou, et rempli d'une haine sanguinaire, de gens si ordinaires transformés en tueurs. Car les tueurs n'étaient pas les soldats d'une armée bien entraînée ou des guérilleros poursuivant une lutte armée au fil des ans. Les tueurs, c'étaient des gens comme vous et moi. Des gens simples et ordinaires qui, peu de temps auparavant vivaient ensemble sur les collines, entre voisins, comme dans toutes les campagnes du monde. Des tueurs de tous âges, jusqu'à des enfants qui n'avaient pas l'air d'avoir plus de douze ans... Telles étaient, dans toute leur horreur, les images du « mal » qui allaient s'imprimer dans nos mémoires.

Qui avait pu... comment avait-on pu manipuler à ce point des êtres humains ? Pourquoi ? Comment ? Aucune analyse sociopolitique du génocide au Rwanda ne pourra sans doute jamais répondre à ces questions.

Comment avons-nous tenu le coup ? Mystère ! Et quelles pensées nous habitaient face à une mort certaine ? Pour ma part, hormis le fait d'avoir pensé que personne de mes amis et connaissances ne saurait jamais où, quand et comment j'avais disparu, je repensai à la lettre de mon amie. Sa joie de donner à nouveau la vie me touchait et j'éprouvais de la reconnaissance pour ce que le Seigneur avait fait pour elle ; et j'ai pensé que si, dans toute ma vie, je n'avais jamais fait que cela — accepter d'accompagner, de faire un bout de chemin avec une personne qui en avait besoin — je pouvais m'en aller en paix. À part ces quelques pensées et la terreur face à une mort certaine, je ne me souviens plus de rien d'autre : d'ailleurs je ne crois pas que c'était tellement la mort qui faisait si peur, mais bien « cette mort-là »...

Nous ne savons pas — et nous ne saurons jamais — ce qui a décidé les tueurs à nous laisser repartir. Après ces heures de cauchemar, avec la certitude de notre mort inscrite jusque dans les fibres de notre être, les barrières qui bloquaient la route derrière nous se sont rouvertes. Nous étions « libres » de repartir, mais seulement d'où nous venions... Liberté bien dérisoire. La frontière était restée fermée. Complètement épuisés, nous avons repris la route de Cyangugu et avons trouvé refuge chez les Sœurs Franciscaines qui demeuraient à côté du poste frontière, juste avant la tombée de la nuit. Un autre convoi nous avait rejoints, et nous étions à ce moment au nombre de quatorze véhicules, remplis de gens de différentes nationalités, dont certains étaient simplement venus passer les vacances de Pâques au Rwanda…

Autour de la table, ce soir-là, nous avons cherché des solutions. Un médecin militaire a appelé l'ambassade de Belgique pour leur faire part de notre situation, pour seulement s'entendre répondre : « Mais qu'est-ce que vous voulez qu'on fasse, mon vieux ? Débrouillez-vous ! ». Un médecin suisse proposa alors d'essayer, avec sa radio, de contacter le H.C.R. [27] à Bukavu. Quant à nous, épuisés, nous sommes partis dormir, mais en prenant soin d'abord de déplacer des matelas pour être au moins à deux dans une chambre. Malgré l'épuisement, la peur ne nous quittait plus : surtout, ne pas rester seuls !

Le lendemain matin, nous avons été réveillés par quelqu'un qui tambourinait à nos portes. « Debout ! Habillez-vous ! Tout le monde en voiture ! Je vous sors d'ici ! » Un employé français du H.C.R. avait réussi à traverser la frontière avec un garde du corps, et allait en effet « nous sortir de là ». Pendant la nuit, les pneus de certaines de nos voitures avaient été crevés, ce qui ajouta à notre peur… Embarqués dans les véhicules, et encore entourés de personnes armées de machettes qui nous narguaient — mais à distance, cette fois, à cause sans doute de la présence du personnel du H.C.R. — il nous fallut encore plusieurs heures de patience avant de pouvoir traverser la frontière et d'entrer à Bukavu. Et à chaque minute qui passait, la peur imprimait plus profondément encore sa marque en nous.

À peine passée la frontière, alors que nous nous sommes retrouvés entourés d'amis et connaissances, mon premier geste fut de me

---

27. Haut commissariat aux réfugiés.

retourner en pensant à celles qui étaient restées au Rwanda, et dont j'étais sans nouvelles depuis deux jours. Au lieu de soulagement, c'est une infinie tristesse qui m'envahit le cœur. Et, alors que les autres personnes du convoi se préparaient à suivre les instructions données pour être rapatriées dans leurs pays respectifs, je me séparai à regret de mon amie infirmière, de laquelle j'étais si proche depuis des mois et avec laquelle je venais de traverser des moments si affreux, et lui exprimai mon désir de rester à Bukavu « pour attendre les autres »… Je ne pouvais me résoudre à partir. Rester aussi proche que possible de mes sœurs m'apparaissait comme la meilleure des solutions. Cette horreur que nous venions de quitter, pouvait-elle vraiment durer ? Je restais convaincue que cela devrait finir assez vite et que nos retrouvailles seraient l'affaire de quelques jours.

Mais rester s'avéra tout aussi pénible. Bukavu, située à l'ouest du lac Kivu, fait face à Cyangugu et, vu la distance minime qui sépare les deux localités, on voit très bien ce qui se passe d'un côté à l'autre du lac. Depuis le couvent des pères carmes, la vue des bâtiments en feu, et l'idée de ce qui se passait s'avéra vite intenable. J'ai alors choisi de retourner à l'abbaye de la Clarté-Dieu, pensant y retrouver un peu de paix. Mais l'inquiétude pour mes consœurs était trop grande, et même l'amitié fraternelle de mes sœurs trappistines n'arrivait plus à me rejoindre dans la douleur. Mon cœur se fermait imperceptiblement, mais de façon inéluctable : la mort, l'horreur et la peur y avaient gravé leur marque et m'enfermaient doucement dans une carapace de solitude qui serait pour longtemps difficile à briser.

Très vite après mon arrivée à Murhesa, nous fûmes rejointes par le père Victor, moine de Notre-Dame des Mokoto, qui venait de sortir du Rwanda, où il était allé chercher des personnes qui auraient dû arriver le 7 avril à l'aéroport de Kigali. Cela lui avait valu de se retrouver pris dans le feu de la guerre, au centre Christus où il logeait ; là il avait aidé les Jésuites à enterrer les dépouilles de trois de leurs confrères, massacrés eux aussi, ainsi que de quatorze autres personnes ; un enterrement sous le feu des rafales de mitraillettes qui s'échangeaient par-dessus la propriété du centre. En plus des trois jésuites, ont été massacrés dans la même chambre, le 7 avril au matin, quatre prêtres du diocèse de Gikongoro qui devaient se rendre eux aussi à l'aéroport pour accompagner leur évêque qui se rendait à Rome au synode sur l'Afrique et qui logeait ailleurs à Kigali, huit jeunes femmes de l'institut séculier Vita et Pax et deux laïcs.

Après avoir pu quitter Kigali, père Victor avait, avec quelques religieuses, rejoint Bukavu par la route. Et le récit de tout ce dont il avait été témoin n'était certes pas pour nous aider à reprendre espoir.

Après quelques jours, il me sembla que mon séjour à Murhesa, dans ces circonstances, n'avait aucun sens. Au Rwanda, les massacres perduraient, et attendre sans rien faire m'était insupportable. J'eus alors connaissance, par le père Daniel, d'une occasion de rentrer en Belgique, en transitant par Goma et par Bujumbura. Entreprendre ce voyage me faisait un peu peur et me sembla d'abord au-dessus de mes forces. L'idée de tenter de franchir des frontières et de faire face à des hommes en uniforme — peu importe l'uniforme — m'était devenue insupportable. Mais que faire d'autre ?

À Goma, j'ai été accueillie par les pères carmes et mise en contact avec un belge vivant sur place, M. Philippe Falesse, qui accueillait des belges et autres expatriés ayant franchi la frontière et s'occupait, en lien avec l'ambassade de Belgique à Bujumbura, de leur rapatriement en Europe. Chaque fois qu'il avait rassemblé une trentaine de personnes, il les amenait à Bujumbura dans son avion personnel, faisant coïncider le vol avec une correspondance Bujumbura-Bruxelles. Cet homme au grand cœur et son épouse ne comptaient ni leur temps ni leurs efforts pour aider ceux et celles qui venaient, pour la plupart, d'échapper à la mort. Je me souviendrai toujours de cette femme russe, accompagnée de ses enfants, qui pleurait doucement : son mari rwandais avait été massacré sous ses yeux. Comme elle avait de la famille en Belgique, M. Falesse avait obtenu de l'ambassade à Bujumbura qu'on lui apporte des papiers pour entrer dans le pays, et son épouse avait décidé de l'accompagner jusqu'en Belgique pour s'assurer qu'elle arrive à bon port. Ils font partie de ces milliers de gens dont les médias ne parleront jamais, mais qui ont su, à leur façon, sauver des vies et réconforter un peu ceux et celles qui étaient marqués par l'horreur.

Pour ma part, je vivais un autre déchirement, celui de quitter l'Afrique. Un an auparavant, j'étais partie y vivre, sans arrière-pensée, sans l'ombre d'une idée de retour ; et j'y étais heureuse. Dans le drame qui se déroulait à cet instant, la vie de tout un peuple, les morts comme les survivants — celle de tous les rwandais comme celle de ceux qui avaient choisi de partager leur vie — venait de s'arrêter. Car il n'y avait aucun soulagement à avoir la vie sauve alors que nous avions été témoins du massacre de tant de gens, et que nous allions, pour longtemps, être sans nouvelles de tant d'autres. Une solitude et un « silence de mort » allaient nous « happer » comme un gouffre duquel nous aurions bien du mal à ressortir.

De retour en Belgique, l'accueil d'amis proches mit à peine du baume sur mon cœur. Et, rentrée au carmel d'Argenteuil, il me sembla que mon cœur s'arrêtait de battre… et qu'un froid glacial m'envahissait. L'épreuve de l'incommunicabilité avec des sœurs dont j'avais longtemps partagé la vie allait s'avérer bien réelle. Même si elles se réjouissaient de me revoir et étaient conscientes que je venais de traverser des moments difficiles, elles ne pouvaient se rendre compte à quel point j'allais mal, et certaines pensaient, de bonne foi, que je pouvais simplement reprendre ma vie parmi elles.

Mais c'était impossible. J'oscillais alors entre le désir de mourir et une volonté de vivre devenue presque inconsciente.

Dans un premier temps eurent lieu quelques retrouvailles avec d'autres rescapés, entre autres lors d'une rencontre à l'archevêché : le cardinal Danneels suivait de près la situation et avait tenu à rencontrer les missionnaires de son diocèse rentrés du Rwanda. Sa sollicitude pastorale nous touchait, mais il a fallu un bon moment avant que certains d'entre nous ne trouvent les mots pour répondre à ses questions.

Tous, nous expérimentions un peu les mêmes réactions : nous échangions certes des nouvelles, mais très vite, les mots nous manquaient. Ce que nous venions juste de vivre s'était gravé en nous au fer rouge : et le silence apparaissait peut-être comme notre seul refuge. Car que raconter, à qui, comment ? Comment nommer l'innommable, l'incompréhensible ? Peu à peu, les souvenirs enlevaient toute saveur et tout sens à la vie qui seule nous restait. Même entre nous, nous allions de plus en plus rarement rompre le silence à ce sujet, du moins pour un temps. Et les mois suivants ne nous apporteraient guère autre chose : nous consultions régulièrement des listes de personnes tuées dans les massacres, listes diffusées par certaines communautés religieuses au fur et à mesure que les informations leur parvenaient. Les jours s'écoulaient entre le décompte des morts, l'inquiétude pour ceux et celles que nous avions laissés là-bas, et l'apparent non-sens de notre propre vie.

Et puis, que faire ? Nous avions tout laissé dans un pays que nous n'avions jamais eu l'intention de quitter. Et combien de temps ce chaos allait-il durer ? Je crois bien que nous attendions tous, plus ou moins consciemment, de pouvoir repartir.

Mon seul « sursaut de vie » à ce moment-là fut de reprendre contact avec l'abbaye d'Orval, et d'y demander l'hospitalité pour un temps de repos. Le respect de l'accueil fraternel de cette communauté, l'espace de l'abbaye, la paix de la vallée, la beauté et le silence du lieu apaisaient mes blessures trop douloureuses, même s'il me fut d'abord impossible de me reposer vraiment : je ne pouvais retrouver un sommeil paisible et, malgré le silence de l'hôtellerie, le moindre bruit me faisait sursauter. La peur rôdait toujours, inscrite dans chaque fibre de mon corps.

Finalement, des nouvelles arrivèrent, qui parlaient de la fin des massacres, de « l'Opération turquoise [28] », d'évacuations de réfugiés et de prise de pouvoir par le Front Patriotique Rwandais… Le drame du Rwanda était sans doute loin d'être terminé, mais nous recommencions à entendre parler de tous ceux et celles dont nous étions sans nouvelles. J'appris enfin que mes consœurs avaient eu la vie sauve, et qu'elles étaient en route pour la France, où elles allaient être hébergées au carmel de Saint-Brieuc.

Soulagement immense, et hâte de les revoir et de les serrer dans mes bras ! Je m'organisai pour aller les rejoindre. Nous avons passé à peu près une semaine ensemble, et ce furent des journées d'échanges intenses. Enfin, nous pouvions partager l'inquiétude vécue, et combler le vide du manque de nouvelles. Elles m'ont raconté comment elles avaient été sauvées en quittant le monastère peu après mon départ, et en s'abritant dans une maison d'une autre communauté religieuse. La plupart avaient perdu bien des membres de leurs familles et de nombreux amis. Mais, contrairement à bien d'autres, jamais elles n'avaient laissé les déchirements ethniques prendre le dessus dans leur propre vie ou ruiner l'unité de la communauté.

Ces journées de partage fraternel ont encore renforcé notre amitié, mais nous ont aussi mené à une bien triste conclusion : nous ne savions pas combien de temps durerait l'exil et ce que l'avenir nous réservait. Et mes consœurs, soucieuses de ne pas m'empêcher

---

28.   Opération menée par des troupes françaises pour évacuer des réfugiés rwandais.

de « vivre » alors qu'elles-mêmes ne savaient pas si elles retourne-raient un jour au pays, ont eu la délicatesse de me dire : « Tu sais, continue ta route sans nous… » Des paroles pleines de bon sens, mais qui me laissaient aussi face à l'inconnu.

Qu'allais-je bien pouvoir faire alors ? Pour quelque obscure rai-son, retourner en arrière ne me semblait pas possible. J'étais loin de me douter à ce moment des nombreux « détours » qui m'atten-daient encore, mais je commençais sans doute à pressentir que le chemin de la vie n'est jamais derrière soi, mais toujours en avant.

Cet été-là, je rendis aussi visite à mon père qui vivait alors sur la côte ouest de l'Irlande. Revoir un pays découvert lors de vacances quelque quinze ans plus tôt — un pays que j'avais tant aimé — me fit aussi du bien. La beauté sauvage de la côte ouest face à l'im-mensité de l'océan me rappelait de bons souvenirs. Plus que jamais, le silence et la beauté des étendues sauvages savaient m'apaiser le cœur.

De retour à l'abbaye d'Orval, j'y passai encore plusieurs mois. J'allais mal, mais je ne me rendais pas vraiment compte à quel point. Ma vie de prière m'apparaissait réduite à néant. À quoi bon tout cela ? Et Dieu ? Où était-il ? Comment le reconnaître encore ? Que voulait dire croire ? Même les mots semblaient avoir perdu leur sens. Dieu était devenu un étranger…

Entre une colère indicible, un sentiment d'impuissance totale et un sentiment oppressant de culpabilité d'être encore en vie, comment pourrais-je retrouver un sens à la vie ou même juste une seule bonne raison de vivre ? Il m'arrivait de plus en plus souvent de regretter de n'être pas morte dans la plaine de Bugarama. Avec les jours qui passaient, le désir de mourir s'incrustait.

Il me faudrait arriver à comprendre et à développer le courage nécessaire pour, non plus nier ou tenter de fuir la réalité de la mort, mais savoir y faire face. J'aurais besoin d'encore beaucoup de temps pour comprendre que la mort, on ne la dépasse pas en l'évitant, mais en y entrant, et que l'on ne peut entrer dans le mystère de la résurrection qu'en acceptant le terrible déchirement du passage. Mais à ce moment précis, enfoncée dans la dépression et dans le désespoir, même le mot de résurrection ne pouvait se frayer un chemin jusqu'à mon esprit.

Et c'est sans doute dans de tels moments, lorsque les mots nous manquent pour la prière, que les paroles des Psaumes peuvent prendre tout leur sens :

> « Je me souviens de Dieu, je me plains,
> je médite et mon esprit défaille.
> Tu refuses à mes yeux le sommeil ;
> je me trouble, incapable de parler.
>
> Je pense aux jours d'autrefois,
> aux années de jadis ;
> la nuit, je me souviens de mon chant,
> je médite en mon cœur et mon esprit s'interroge.
>
> Le Seigneur ne fera-t-il que rejeter,
> ne sera-t-il jamais plus favorable ?
> Son amour a-t-il donc disparu ?
> S'est-elle éteinte, d'âge en âge, la parole [29] ? »

Pendant plusieurs mois, j'ai eu l'impression que les psaumes « priaient à ma place ». Je me laissais porter par leurs mots, incapable d'autre chose. Parfois, je trouvais aussi refuge dans les mots

---

29. Psaume 76.

des poètes, qui étrangement, semblaient à l'unisson de ma douleur. Pendant plusieurs années, une parole de Marie Noël allait m'accompagner dans l'incertitude face à l'avenir :

> « Je vois du soleil sur le seuil de la porte
> De quoi poser le pied pour un seul pas.
> Pour le second... il est trop tôt, ne cherche pas [30]. »

Oui, longtemps il serait trop tôt pour faire un autre pas. Mais j'allais pourtant essayer plus d'une fois, parce que je ne comprenais pas encore ce à quoi il me fallait consentir avant d'aller plus loin. Comme j'aurais aimé m'en sortir... mais tout de suite...

« Vos pensées ne sont pas mes pensées, et mes voies ne sont pas vos voies, oracle de Yahvé... [31] »

❧

30.   Marie Noël, « Berceuse de la grand-mère », *Les Chansons et les Heures*, Poésie Gallimard, 1983, p. 94.
31.   Isaïe 55, 8.

Une lueur
dans la nuit

CEPENDANT, même dans la nuit la plus noire, il y a toujours de petites étoiles, parfois bien cachées à première vue par les nuages…

La prière et l'amitié de mes frères, la sollicitude de quelques amis et les contacts avec mes sœurs rwandaises étaient de ces étoiles. Par contre, du côté de mes consœurs du carmel d'Argenteuil, une lourde incompréhension persistait. Leur support m'aurait été précieux, mais la plupart d'entre elles semblaient incapables de comprendre ou même d'imaginer pourquoi tout « retour » m'était alors impossible. Avec le recul des années, je comprends mieux qu'une certaine solitude est une part intrinsèque de l'expérience des survivants ; simplement parce qu'il est impossible de communiquer entièrement à d'autres l'expérience vécue. Les autres auraient sans doute envie de nous comprendre, mais ils ne le peuvent pas…

De son côté, le père général des Carmes, Camilo Maccise o.c.d.[32] allait nous entourer, mes consœurs rwandaises et moi-même, de sa sollicitude fraternelle dans toutes nos démarches, si difficiles soient-elles. C'est à cette époque que j'ai décidé de demander trois ans d'exclaustration pour pouvoir prendre suffisamment de repos et trouver les moyens d'aller mieux… Démarche pénible, mais que je savais nécessaire.

Deux autres petites « étoiles » allaient alors percer l'opacité de la nuit.

D'abord, une demande émanant de mes amis qui attendaient leur quatrième enfant pour le mois de novembre, celle de devenir sa marraine. M'en sentais-je capable ? Je ne me suis pas posé la question… J'étais profondément touchée par cette requête, comme si ce petit enfant à naître me disait simplement : « Je suis là… et j'ai besoin de toi. » Juste comme un petit signe, un petit « rappel » que ma vie n'était pas finie… J'acceptais simplement en les remerciant de leur confiance.

Et puis, une rencontre à l'abbaye allait faire bouger, imperceptiblement d'abord, le poids qui m'étouffait le cœur. Alors que je sortais de l'église, deux personnes avec un handicap mental, qui avaient assisté à l'Eucharistie avec un groupe de Foi et Lumière[33], s'approchèrent de moi : une femme et un homme dont les noms me resteront à jamais inconnus. Tous deux, dans une grande simplicité, me prirent la main en me disant : « Bonjour, comment tu t'appelles ? » Je leur ai répondu en souriant. S'en est suivi un bref dialogue avant qu'ils ne repartent vers leurs amis.

---

32. Décédé le 16 mars 2012.
33. Association fondée en 1968, regroupant des communautés de rencontre formées de personnes ayant un handicap mental, de leurs familles et d'amis.

Que s'est-il passé en moi à ce moment? Le saurai-je vraiment un jour? L'image qui m'en reste est celle d'un rayon de soleil après des mois d'orage et de tempête. Quand, des années plus tard, j'ai tenté d'y mettre des mots, j'ai balbutié ceci: survivante d'une situation où des centaines de milliers de personnes se faisaient massacrer sans procès, soi-disant à cause de leurs différences ethniques, je me retrouvais approchée amicalement par deux personnes que notre société ne se prive pas de classer « différentes », quand elle ne les « enferme » pas purement et simplement dans leurs différences. Certes la société en prend soin, mais tout en les gardant la plupart du temps à une « distance polie » (sinon indifférente ou parfois méprisante). J'aime à penser que ces personnes auraient eu tous les droits de me considérer « différente », moi qui, de surcroît, étais une inconnue pour elles. Or, elles n'avaient, semble-t-il, d'autre souci que d'entrer en relation par un simple bonjour et par une main amicalement tendue.

Loin d'un monde où trahison et mort semblaient avoir pris le dessus, deux personnes au cœur ouvert venaient me dire, à leur façon, qu'il y avait encore place pour la vie, que l'amitié et le bonheur n'étaient pas morts. Dans un futur proche, d'autres personnes comme elles viendraient me le redire, et m'inviteraient en me prenant la main, à marcher à nouveau sur le chemin de la vie. Mais, à ce moment précis, « l'ombre de la mort » s'éloignait simplement un peu. Et j'avais enfin souri… sans arrière-pensée…

En novembre de la même année, à la fête de la Toussaint, un groupe de personnes de l'Arche [34] passait la fin de semaine dans cette même abbaye. Je fus invitée à participer à leurs activités. J'acceptai sans conviction. Un soir, en sortant de l'église, j'aperçus

---

34. Fondée en 1964, l'Arche offre de par le monde des communautés de vie où personnes avec un handicap mental et assistants partagent la vie quotidienne.

75

Patrick qui faisait les cent pas sous le cloître. Pensant qu'il attendait ses amis, je m'apprêtais à le dépasser, mais c'était moi que Patrick attendait… Il me serra dans ses bras et me dit simplement : « Toi tu es triste, et moi, je vais te consoler. » Pour toute réponse, je ne pus à ce moment que m'éloigner en pleurant. Mais ces mots, dans leur simplicité, me touchèrent si profondément qu'ils ouvrirent un peu plus la porte de mon cœur.

Je rencontrais aussi, lors de cette fin de semaine, ceux et celles qui avaient choisi, pour un temps ou pour la vie, de partager à l'Arche le quotidien des personnes avec un handicap. Leurs témoignages ne faisaient que confirmer ce que je ressentais confusément : il existait bien des lieux où les différences n'étaient pas source de mort mais de vie, des lieux où l'humanité et l'amitié ont droit de cité. Les valeurs apprises dans ma famille, je les réapprenais de personnes « différentes » en qui je découvrais des « maîtres de vie » doués d'une sagesse incomparable.

Ces « rayons de lumière », ces « petites étoiles » avaient su toucher mon cœur et y instiller un peu d'espérance mais, au début, guère plus qu'une goutte dans l'océan. Assez cependant pour me donner un peu de courage pour me « lever » et tenter de reprendre la route. L'amitié de mes frères d'Orval avait apaisé mon cœur, mais je restais dans un premier temps littéralement « paralysée ». Vivre ? je ne pouvais que balbutier un « peut-être ».

> « Quand tu n'acceptes plus
> La route de la mort,
> Le cœur déçu et sans courage,
> Rappelle-toi Jésus,
> Rappelle-toi son corps
> Rempli d'une clarté sans âge [35]. »

35. Robert Lebel, « Depuis qu'il est venu ».

J'étais encore loin, très loin… de pouvoir accueillir le Ressuscité dans ma mort, mais les ténèbres avaient quand même fini par le céder un peu à la lumière. Si je sentais encore un implacable instinct de mort m'entraîner vers une sorte d'abîme sans fond, je commençais aussi à avoir envie d'autre chose : comme une ébauche, une esquisse du désir de vivre.

❧

Surtout,
ne pas mourir

L ES mots du titre de ce chapitre pourraient assez bien qualifier les quelques années suivantes, et l'incompréhension totale où j'étais encore de ce qu'il me restait à vivre. Avant de pouvoir reconstruire ma vie, il me fallait d'abord trouver le moyen de cicatriser un peu les blessures. Car toute l'énergie dont j'aurais eu besoin pour réapprendre à vivre continuait à être happée dans un « gouffre sans fond ».

Avant de mettre fin à mon séjour à l'abbaye d'Orval, je suis allée passer un certain temps dans une abbaye de moniales cisterciennes non loin de là, l'abbaye Notre-Dame de Clairefontaine. Je me suis sentie bien dans cette communauté accueillante et j'y ai, en quelques semaines, noué des amitiés encore vivantes aujourd'hui.

Mais je n'y retrouvais ni la paix ni le bonheur profond expérimenté à l'abbaye de la Clarté-Dieu — et pour cause ! J'étais à ce moment bien trop vulnérable et fragile pour vivre la contrainte de la clôture monastique : presque comme si j'étais devenue claustrophobe. Par la suite, je compris mieux que les cinq heures passées enfermée dans une voiture sous la menace de tueurs devaient pour longtemps me rendre incapable de supporter des limites physiques trop étroites.

Je dus alors me résoudre à quitter Clairefontaine le cœur bien lourd, et avec le sentiment — bien injuste — d'un échec. Et le désir de mourir qui m'étreignait de plus belle. De retour à l'abbaye d'Orval, je cherchai alors dans quelle direction faire un pas. Juste un pas… juste pour tenter quelque chose… juste pour tenter de briser l'étouffante paralysie de la dépression.

C'est alors que je décidai de reprendre contact avec un ami évêque canadien, M\ :gr Antoine Hacault [36], archevêque de Saint-Boniface au Manitoba, rencontré en 1980 alors qu'il donnait une conférence dans ma paroisse à Braine-l'Alleud, et avec qui j'avais correspondu sans interruption depuis plusieurs années. Comme une amie m'avait proposé de me payer un voyage si j'en avais besoin, pour refaire mes forces et « me changer les idées », je demandai à M\ :gr Hacault s'il me serait possible d'aller me reposer environ trois mois dans son diocèse. Je voyais sans nul doute les grands espaces du Canada comme un lieu idéal pour prendre un peu de recul et me reposer suffisamment pour retrouver ma capacité de discerner les chemins de mon avenir.

Une des raisons pour lesquelles j'envisageais un voyage si lointain est que, en Belgique, où que j'aille, je rencontrais d'autres rescapés — missionnaires ou réfugiés — et que cela ne faisait qu'ajouter à la lourdeur de la dépression qui m'étreignait et à l'impression de « tourner en rond ». Un peu naïvement, j'imaginais que, si loin de chez moi, dans un pays qui ne semblait pas avoir beaucoup de liens

---

36. Décédé le 13 avril 2000.

avec l'Afrique, je pourrais peut-être oublier tout cela et réellement penser à autre chose. En d'autres mots, chaque fois que j'envisageais une solution, il s'agissait, ni plus ni moins que de fuir la souffrance qui m'habitait, de tenter de l'oublier, de passer à autre chose…

Comme c'était encore l'hiver au Manitoba, Mgr Hacault me conseilla d'attendre le mois de mars pour me rendre à Saint-Boniface[37], pour pouvoir bénéficier de températures plus clémentes durant mon séjour. Ce délai me laissa encore un peu de temps libre, et je décidai de l'employer à donner un coup de main dans un foyer de l'Arche à Namur. Avec bonheur, j'y passai le mois de février et y expérimentai davantage encore l'incroyable capacité d'accueil des personnes avec un handicap.

Dans ce foyer, en compagnie d'Évelyne, Jean-Pierre, Natalie, Mary, Juliana et des assistants qui y travaillaient déjà, j'ai pu, pendant un mois, goûter à la simplicité fraternelle de la vie à l'Arche. Et, comme notre foyer avait le bonheur d'avoir un oratoire, je pus aussi y prendre du temps pour la prière ; une prière encore douloureuse et lourde d'incompréhension : Dieu semblait encore si loin… Mais une prière tout de même…

C'est là aussi que j'ai entendu parler pour la première fois de l'Arche à Winnipeg. J'allais m'en souvenir plus tard…

Enfin vint le jour du départ pour le Canada, le 12 mars 1995. J'ai éprouvé fort peu de sentiments au moment de quitter une nouvelle fois mon pays : j'étais encore « anesthésiée » par la douleur. Et puis, il était clair que je ne partais que pour des vacances. Trois mois : juste assez de temps pour me reposer et tenter de me refaire une santé, pour essayer d'oublier un petit peu… Ma filleule était née en novembre : son baptême était planifié pour juin, et je comp-

---

37. Quartier francophone de Winnipeg.

tais bien être présente. Non, cette fois ce n'était pas un « départ » : j'avais bien mon billet aller-retour en poche…

Je dois bien convenir qu'arriver à Winnipeg au mois de mars, quand la neige va commencer à fondre, n'est peut-être pas le souvenir le plus lumineux de ma vie… Le temps était maussade et la ville « grise » comme elle peut l'être à la fin de l'hiver. Cela n'aida pas tout à fait à me remonter le moral. Plusieurs fois, dans les premières semaines, je me suis demandée ce que je faisais là. À part Mgr Hacault, je ne connaissais absolument personne… mais cela ne durerait pas. L'accueil des religieuses chez lesquelles je résidais était sincère et chaleureux et parvint enfin à me réchauffer le cœur, tout comme l'accueil inconditionnel de la famille Hacault. Une communauté et une famille qui allaient, au fil des mois, devenir un peu « ma famille ».

Oui, ici j'allais sûrement pouvoir me reposer et « oublier ». Combien de temps me faudrait-il donc encore pour comprendre que revenir à la vie n'avait rien à voir avec l'oubli ? Mais j'allais y être aidée… Peu après mon arrivée, une sœur de la communauté qui m'accueillait vint me trouver et m'expliqua qu'elle s'apprêtait à partir travailler auprès de réfugiés rwandais à Goma : elle se dit heureuse de me rencontrer et m'invita à lui partager mon expérience, car elle souhaitait se préparer le mieux possible à son voyage, et à la réalité qu'elle allait découvrir là-bas…

Je crus que mon cœur allait s'arrêter de battre. Encore le Rwanda ! Combien de temps me parlerait-on de cela ? Je voulais juste pleurer et fuir… Cela faisait trop mal. Et pourtant, en plusieurs circonstances dans les semaines suivantes, on allait faire appel à mon témoignage.

Les mois suivants amenèrent un peu plus de paix. Je commençai à me faire des amis, et trouvai des occasions de rendre service. Entre des visites à des religieuses hospitalisées et un peu de béné-

volat dans une maison d'accueil pour femmes en difficulté, je goû-
tais à nouveau au bonheur du partage. J'entendis aussi parler de
l'Arche mais, à part le fait d'avoir assisté à quelques-unes de leurs
soirées de prière, je n'eus pas à ce moment l'occasion de connaître
davantage cette communauté.

Avec l'arrivée du printemps, je commençais à découvrir la splen-
deur de la nature des Prairies : dans l'immensité des plaines, je
retrouvais le sentiment de paix et de bien-être que j'ai toujours
éprouvé face à l'immensité de la mer. Et j'aimais — j'aime toujours
— les soirs de beau temps, passer de longs moments au bord de la
Rivière Rouge.

Très vite, je commençais à me sentir mieux et je pressentis que,
peut-être, d'autres chemins s'ouvriraient ici pour moi. D'abord, je
fus interpellée par une simple parole lue dans un texte spirituel
(dont j'ai malheureusement oublié l'auteur et la référence) : « Reste
près de cette rivière... » Quelques mots qui ouvrirent juste un peu
plus la porte de mon cœur. Pas « beaucoup plus », mais assez pour
que je puisse entrevoir que la réponse n'était sans doute pas dans
la fuite et que c'était peut-être ici le lieu de « poser mes bagages »,
au moins pour un moment, et de me remettre à l'écoute de l'Esprit.

J'y fus encouragée aussi par le fait d'avoir découvert, à l'ouest
de la ville, un monastère de moines trappistes où je pouvais aller
régulièrement me ressourcer : l'abbaye Notre-Dame des Prairies.
Loin d'Orval, l'accueil fraternel de cette communauté me donnait
un point concret d'ancrage dans cette « famille spirituelle » qu'était
devenu pour moi l'Ordre Cistercien de la Stricte Observance.

Alors j'ai envisagé de prolonger mon séjour, sans avoir la moindre
idée de ce que je faisais, ni où cela me mènerait. Dans un premier

temps, cependant, mes tentatives de « trouver mon chemin » continuaient à être orientées, inconsciemment, vers le passé. Blessée par l'incompréhension de ma propre communauté religieuse, je ne pouvais cependant me résoudre à envisager le futur sans un ancrage communautaire. J'ai donc voulu me joindre à la communauté qui m'avait accueillie. Mais là encore, impossible de m'y sentir bien.

Sur le moment, je vécus à nouveau le sentiment d'un échec qui vint, comme les autres, ajouter à mon désir de mourir. Et pourtant, instinctivement mais toujours un peu « à tâtons », je continuais à faire des démarches qui contribueraient à me faire retrouver un jour le chemin de la vie.

Ayant obtenu en juillet 1996 mon statut de résidente permanente au Canada, je pus enfin envisager des démarches plus concrètes. Dans un premier temps, mes recherches d'emploi se révélèrent infructueuses. Mais c'est alors que se présenta une opportunité assez incroyable. Avec l'aide financière d'amis belges et l'encouragement de plusieurs de mes amis manitobains, je pus aller passer une année de ressourcement et de formation à l'accompagnement spirituel au centre de spiritualité Manrèse de Québec.

Lors d'un bref séjour à Québec, au mois de juin 1996, j'avais pu visiter le centre et rencontrer la directrice qui m'avait assurée qu'elle était prête à m'accepter pour le programme qui commençait en septembre. Récemment installée dans un petit appartement à Saint-Boniface, ce nouveau déménagement ressemblait vraiment à un saut dans l'inconnu. Que serait cette année ? À quoi me mènerait-elle ? Et retrouverais-je à mon retour ce que je quittais, y compris la promesse d'un emploi dans une paroisse ?

Survivre et revivre

E<small>N</small> quittant Saint-Boniface au début de septembre 1996, ce n'était pourtant pas cette fois une porte de plus qui se fermait, mais au contraire, la porte de l'à-venir qui s'ouvrait toujours davantage. Je faisais, sans trop m'en rendre compte, un pas dans la bonne direction.

L'année qui débutait au centre de spiritualité Manrèse allait être riche en grâces. Des grâces d'amitié d'abord : le groupe de vingt-quatre étudiants, venus de huit pays différents, était très chaleureux et convivial. La variété de nos expériences se révéla une réelle source d'enrichissement. En quelques semaines, des affinités se firent jour et nous eûmes l'occasion de tisser des amitiés dont les liens perdurent aujourd'hui. La qualité des cours allait nous ouvrir à de nouveaux horizons dans nos vies respectives. Et le programme faisait assez de place au ressourcement personnel, ce qui équilibrait le tout. Entre études et ressourcement, j'allais avoir largement l'occasion d'avancer un peu dans la direction de la vie. Et, en dehors des cours, la ville de Québec nous offrait de belles occasions de détente et de repos.

Cette année allait être marquée de plusieurs « pierres blanches ».
J'allais d'abord y vivre des choses importantes au niveau de la
prière. Même si je continuais à y consacrer du temps, ces moments
restaient douloureux. Je ne mettais pas en doute la présence de
Dieu dans ma vie, mais les mots pour le nommer ou m'adresser à
lui restaient toujours en quelque sorte noués au fond de ma gorge,
et même au fond de mon cœur : la douleur faisait écran. Et, simplement me tenir en sa présence, sans un mot, m'était presque tout
aussi insupportable : comme si je ne pouvais supporter son regard
sur mon cœur brisé. Le désir de mourir ne lâchait pas : pourquoi
n'étais-je simplement pas morte, comme tant d'autres, le long
d'une route ? Impossible encore de trouver un sens à ma vie — et
même un sens à ma foi — après les événements traversés…

Mais doucement, le fait de reprendre une vie de prière régulière
m'a aidée à en retrouver le goût et, un peu à la fois, une certaine
paix. Le Bon Berger devait littéralement me réapprivoiser et retrouver le chemin de mon cœur… Les rencontres régulières
d'accompagnement spirituel m'offraient un espace de parole : une
parole d'abord bien douloureuse, elle aussi, mais avec le temps, de
plus en plus apaisée.

Les cours étaient riches en occasions d'approfondissement intellectuel et spirituel. La pratique de l'accompagnement spirituel
avait, comme naturellement, fait partie de ma vie de moniale : accueillir et écouter des personnes qui venaient au monastère pour
se confier et trouver un peu de soutien dans leur vie spirituelle, je
l'avais fait durant de longues années. Et cette année d'études me
donnait l'occasion d'approfondir mes connaissances et de développer davantage mes habiletés dans ce domaine.

Deux « événements » allaient se révéler particulièrement importants cette année-là.

D'abord, au mois d'octobre, une session qui s'intitulait : « La dimension psychologique de l'expérience spirituelle ».

Juste de par sa façon d'enseigner, le professeur avait su m'inspirer confiance : on sentait bien que sa connaissance de la psychologie allait de pair avec une expérience humaine solide et que ses paroles avaient un enracinement autant pastoral que professionnel. Toujours habitée par un profond malaise, je me décidai, lors d'une pause-café, à aller lui parler, sans trop savoir à quoi m'attendre. Après lui avoir brièvement mentionné mon expérience au Rwanda, je balbutiai cette question, jaillie du plus profond de ma détresse : « Est-ce que j'aurai toujours envie de mourir ? » Après un moment de silence, tout chargé de respect, il me répondit simplement : « Je ne sais pas… parce que je n'ai pas vécu ce que vous avez vécu… » Ces paroles, aussi imprégnées de respect que son silence, me touchèrent profondément.

Lorsque l'on vit des moments difficiles, il se trouve malheureusement toujours assez de personnes — remplies de bonne volonté — qui « savent » ce que l'on devrait faire pour s'en sortir et ne se privent pas de nous inonder de « bons conseils ». Leur souci sincère de notre bien est des plus touchant… Mais qui dira le prix de ces paroles qui, sans presque rien nous « dire », nous rejoignent comme des mains tendues ? Des paroles qui nous remettent debout juste en nous faisant comprendre que personne d'autre que nous-même n'a la réponse à nos questions. Des paroles dont le respect réconforte et nous fait pressentir que la force dont nous avons besoin pour nous en sortir, elle nous habite déjà.

Notre conversation n'alla pas beaucoup plus loin. Ce n'est que deux ans plus tard que nous la reprendrions… En attendant, ces quelques mots faisaient l'effet d'un autre petit rayon de lumière perçant l'obscurité et cela suffisait. Pas à pas, la nuit continuait à le céder au jour.

Un autre moment clé fut la retraite de trente jours [38] qui avait lieu au mois de janvier : ce fut pour moi d'abord un temps privilégié d'approfondissement de mon « histoire sainte ». Prendre le temps de relire les signes de l'amour de Dieu dans ma vie me faisait du bien. Dans les rencontres d'accompagnement spirituel, j'avais l'occasion de mettre des mots sur les grâces reçues et, un mot à la fois, la lumière continuait à gagner du terrain sur les ténèbres…

Puis vint le moment, en troisième semaine des exercices spirituels, d'entrer dans la méditation de la Passion. « Exercice » qui s'avéra difficile entre tous. Alors que j'étais en prière à la chapelle, au lieu d'entrer dans une simple méditation sur la Passion de Jésus, je me retrouvais soudain plongée au cœur du drame vécu moins de trois ans plus tôt, face à une mort certaine. Il me semblait revivre chaque instant passé le 10 avril 1994 dans la plaine de Bugarama. Je ressentis une douleur terrible, et j'eus envie de crier « non ! » de toutes mes forces. Je ressentais à nouveau la peur, j'avais mal — physiquement mal — je tremblais, j'avais froid… Cette lutte dura quelques instants — qui me semblèrent une éternité — jusqu'à ce que je comprenne enfin : je ne m'en sortirais jamais en refusant la confrontation avec la mort, et tout ce qui s'en était suivi. Les mots de Jésus prirent pour moi un sens nouveau : « Mon Père, s'il est possible, que cette coupe passe loin de moi. Cependant, non comme je veux, mais comme tu veux [39]. »

En même temps, tout devenait si évident : ce n'était que dans un consentement à tout ce qui était arrivé que pourrait s'ouvrir pour moi un chemin vers une autre vie, un chemin de résurrection. Tenter de « contourner » ou de fuir tout ce qui dans ma vie avait forme de mort, ne m'amènerait qu'à une impasse, me maintien-

---

38.   La retraite de trente jours est une retraite qui reprend le parcours des *Exercices spirituels* de saint Ignace. Par la contemplation des Mystères du Seigneur, les *Exercices spirituels* disposent le cœur à chercher et à trouver la volonté de Dieu.
39.   Matthieu *26*, 39.

drait dans cet état de dépression et ne pourrait me conduire que d'échec en échec. Je parvins, intérieurement, à balbutier un « oui » qui me parut alors bien faible et bien hésitant. Mais la paix était revenue.

Un « oui » balbutié, un autre petit pas… Je ne pouvais encore soupçonner comment la grâce que je venais de vivre allait se décliner et se concrétiser. Je savais que j'étais loin d'être au bout du chemin, mais j'ai pu terminer la retraite de trente jours en goûtant déjà « quelque chose » de la joie de la résurrection, comme les prémices de tout ce qui allait m'être donné en surabondance par la suite.

Vers la fin de cette année d'étude et de ressourcement, il me sembla que l'avenir était grand ouvert, mais dans quelle direction ? Tout recommençait à me sembler possible, mais où le Seigneur m'appelait-il vraiment ? Et les liens tissés à Québec ne me rendirent pas le départ plus facile. Un autre départ… encore… Après un temps de discernement, je choisis de revenir à Saint-Boniface où je savais que, pour le moins, j'avais un travail assuré. Bizarrement, à ce moment-là, aucun choix ne me semblait évident. Je continuais d'avancer à tâtons.

Dès mon retour, je commençai à travailler en paroisse, comme agent de pastorale auprès des aînés et des malades. Parallèlement, je commençai l'animation de groupes d'Exercices spirituels. Accompagner des aînés, des personnes en fin de vie ou des personnes désireuses d'approfondir leur cheminement spirituel est toujours une grande grâce. Simplement savoir être là, savoir écouter et aider l'autre personne à reconnaître en elle-même, à la source la plus intime de son être, l'amour en lequel sa vie trouve son origine et son accomplissement, être assez ouvert et disponible pour laisser l'Esprit œuvrer en nous… voilà des grâces qui ne peuvent que nous inciter à nous ouvrir davantage à l'Esprit et à le laisser transformer notre propre vie.

J'aimais particulièrement — et c'est encore vrai aujourd'hui — accompagner des personnes en fin de vie. Être au chevet d'un proche qui va les quitter est pour beaucoup de personnes une expérience éprouvante : la mort, c'est l'inconnu, et cela nous rappelle par trop notre propre finitude. Pour ma part, j'avais eu à faire face à une mort certaine, j'avais eu peur, oui, et j'en étais revenue. Et il me semble bien qu'avoir été témoin de ce que la folie humaine peut engendrer comme morts violentes et terrifiantes, me renvoie depuis à l'importance de savoir être là pour ceux et celles qui doivent envisager le grand passage et d'apporter une présence aimante et priante à leur chevet.

Savoir tendre la main, parce qu'un jour, d'autres nous l'ont tendue dans notre détresse et nos « passages ». « Sans une main tendue, nous n'avons pas de devenir [40]. »

Oui, j'allais mieux, de mieux en mieux... et pourtant... des étapes essentielles restaient à parcourir. L'envie de mourir ne m'avait pas encore quittée et une grande colère envers tout ce qui était arrivé m'habitait toujours. Je n'avais pas non plus fait le deuil de mon engagement dans la vie religieuse, et je continuais, pour un moment, à explorer diverses formes d'engagement ecclésial... J'étais encore loin du but, mais j'arrivais maintenant à ne plus envisager mes « détours » comme des échecs... Et j'allais finir par comprendre, qu'avant tout autre chose, il me fallait d'abord réapprendre à *vivre*...

---

40. Magda Hollander-Lafon, *Quatre petits bouts de pain*, Albin Michel, 2012, p. 106.

C'est alors qu'une autre opportunité m'a été donnée : celle de commencer des études de théologie, par correspondance, à l'université de Sherbrooke. Il me faudrait cinq ans, en suivant les cours à un rythme compatible avec mon travail, pour terminer un bac en théologie mais, malgré les efforts que cela m'a demandé, cette expérience m'enrichit « au centuple ».

Car si j'avais retrouvé le chemin de la prière, beaucoup de questions se bousculaient encore en moi après les expériences vécues. Quelles étaient les images de Dieu qui m'habitaient alors ? Je n'en étais plus très sûre... « Dieu est amour », « la bonté de Dieu »... autant de mots, de concepts, qui faisaient invariablement monter en moi un *oui, mais...* qui me nouait la gorge.

Pendant cinq ans, le travail s'avérerait autant intérieur qu'intellectuel. Retrouver des mots pour dire Dieu, redonner un sens aux mots, me renvoyait sans cesse à la prière et à mon propre chemin « pascal ». L'expérience vécue et la prière, quant à elles, me relançaient dans l'effort intellectuel et nourrissaient ma réflexion théologique. « L'ombre de la mort » reculait encore un peu chaque jour. Mais la colère ne me quittait toujours pas et s'exprimait parfois de façon inattendue. Dans une conversation, un de mes professeurs me dit un jour : « Vous êtes une excellente théologienne ». Consciente de ce que ma réflexion théologique devait à mon chemin de « survivante », je lui répondis aussitôt : « Je l'ai payé assez cher ! » À quoi, sans désemparer, il me dit : « Vous devriez écrire... » Ce qui lui attira un « jamais ! » cinglant. Et cette conversation en resta là, pour longtemps encore, elle aussi.

Cependant, comme ma vie continuait à évoluer positivement, je crois que je pensais, sans doute inconsciemment, qu'il me suffirait maintenant de laisser la vie prendre le dessus, et qu'elle « effacerait » d'elle-même ce qui restait à effacer. J'étais encore loin du compte...

Dans le même temps, alors que je poursuivais mon travail, je restais en contact avec le centre de spiritualité Manrèse, et j'y retournais régulièrement pour des sessions de formation continue et des conférences. Mais à chaque voyage, je rencontrais la même difficulté. Chaque fois qu'il était question de quitter mon chez-moi pour quelques jours, de prendre la route, ou de prendre l'avion, je faisais invariablement les mêmes cauchemars : les quelques nuits précédant n'importe quel départ, je rêvais que j'étais arrêtée sur la route par un groupe de tueurs… Je me réveillais épuisée, mais finissais toujours par me dire : « Cela aussi, ça va passer… »

Au mois d'octobre 1998, je m'étais rendue à Québec pour le congrès des Cahiers de spiritualité. J'avais, en plus du congrès, planifié de bons moments de visite avec mes amis, bref une fin de semaine prolongée qui promettait de beaux moments de détente. C'est là cependant que m'attendait, sans que je le sache, un autre « signe » qui m'amènerait à faire un pas de plus. Une étape qui s'avérerait, dans un premier temps, tout aussi douloureuse que celle franchie durant la retraite de trente jours.

Une des conférences portait sur le *Journal* de saint Ignace. Toujours désireuse d'approfondir mes connaissances, j'écoutais attentivement, lorsque la conférencière prononça ces mots (j'ai pu, par la suite, retrouver le texte de la conférence, mais pas le nom de la conférencière) : « Après avoir connu, non pas au froid niveau des mots, au niveau des livres, mais au niveau existentiel, l'ébranlement de tout l'être, la précarité des choses, l'enlisement des situations inextricables, même parfois, la proximité de la mort physique, vient un moment, dans la vie, où il ne reste de tout cela qu'un souvenir paisible, ce que les mystiques orientaux appellent « la mémoire de la mort ». À l'expérience de l'humilité et de la « mémoire de la mort » est lié le « don des larmes ». Le cœur se brise et tressaille, dans l'Esprit, d'une immense joie : tout se rassemble, se pacifie, se transfigure en une sorte de douceur, de tendresse ontologiques. Lorsque le cœur de pierre est devenu cœur de chair dans un émerveillement de tout l'être, il arrive que des larmes coulent discrètement et doucement. »

À ces mots, j'ai ressenti une vive douleur, comme si une plaie mal cicatrisée et encore infectée se rouvrait brusquement. À peine la conférence terminée, j'ai dû quitter la salle. Je commençai à pleurer sans pouvoir m'arrêter. La « mémoire de la mort » qui m'habitait était tout sauf un souvenir paisible ; rien n'était encore réellement pacifié ni unifié… Mais au moins, les larmes coulaient, et je ne pus les arrêter pour plusieurs heures. Oubliées, les visites aux amis ; j'étais incapable de parler à qui que ce soit. En un instant, je m'étais retrouvée au bord du gouffre et il me semblait que j'aurais pu y retomber. Un peu comme si tous les pas franchis n'avaient mené nulle part. Dans la prière ce soir-là, je m'avouai vaincue… Ma volonté seule n'arriverait pas à me tirer de là : j'avais besoin d'aide.

Habituée que j'avais été dès l'enfance à m'en sortir seule, demander de l'aide ne faisait guère partie de mes réflexes. Et vers qui me tourner ? À qui faire confiance ? Je me rappelai alors combien m'avait touché le respect de notre professeur de psychologie… Qu'est-ce que je risquais à lui demander un rendez-vous ?

Il me restait quarante-huit heures avant de quitter Québec et la providence voulut qu'il ait une heure de libre le lendemain matin… Cette première rencontre ne fut pas facile, tant il me fallut de courage pour laisser aller mes résistances, mais elle porta ses fruits. Ce fut le début d'une thérapie qui allait pouvoir heureusement m'aider dans cette « traversée ». On ne se débarrasse pas en un jour de ses cauchemars. Comme il me le dit si bien un jour : « La rivière doit remplir tous les trous de son lit avant de pouvoir aller plus loin… »

Bien sûr, la thérapie allait me faire revivre bien des moments difficiles et douloureux avant de me permettre d'aller plus loin. Mais dire ce qui fait trop mal… est une douleur salutaire qui ouvre et apaise le cœur. Même si souvent j'ai cru que je manquerais de courage pour aller jusqu'au bout…

C'est à la même époque que je tombai sur un livre paru l'année précédente, *Un peu de mort sur le visage*, où Gabriel Ringlet sait évoquer, avec un infini respect, la lutte pour la vie qui se déploie dans les situations de souffrance. Pendant ces années de thérapie, un passage de ce livre allait, comme une main invisible, me « tenir la tête hors de l'eau » et m'empêcher de « sombrer » dans la douleur encore provoquée par l'évocation des souvenirs. Je ne peux que le citer ici :

> « Oui, nos mains vont disparaître… Mais nos poignées de main, mais nos signes de bonjour, mais nos gestes d'adieu, mais l'invisible chemin de nos caresses… nous n'allons pas les brûler.
> Oui, nos pieds vont disparaître… Mais la foulée de nos promenades, mais l'élan de nos courses, mais le saut de nos jeux, mais le pas de nos danses et de nos rendez-vous… nous n'allons pas les noyer.
> Oui, nos visages vont disparaître, et nos oreilles, et nos lèvres et nos yeux… Mais nos sourires, mais nos écoutes, mais nos regards, mais nos baisers… nous n'allons pas les enterrer [41]. »

Des mots qui venaient en quelque sorte guérir les traces laissées dans la mémoire par les images trop douloureuses de corps découpés en morceaux dans les fossés et de survivants en fuite, et me laissaient entrevoir que rien de ce que l'on a vécu de beau ne se perd, mais que tout a valeur d'éternité… Des mots comme une

---

41. Gabriel Ringlet, *Un peu de mort sur le visage*, Desclée de Brouwer, 1997, p. 91.

fenêtre entrouverte sur le mystère de la résurrection. Ce livre m'a si longtemps accompagné partout qu'il en est usé...

En juin 2000, ma vie allait connaître un autre tournant... Une demande me parvint : l'Arche Winnipeg cherchait une personne pour remplir le rôle de coordinatrice des foyers. J'avais quelque peu fréquenté la communauté au cours des années et cette demande ne me laissait pas indifférente. J'aimais beaucoup mon travail en pastorale et le choix de le quitter ne fut vraiment pas des plus faciles. Mais je me souvenais de tout ce que la rencontre avec Patrick et avec d'autres m'avait apporté en 1994. Peut-être le temps était-il venu de faire un bout de chemin avec mes frères et sœurs de l'Arche ? Toujours un peu hésitante face à l'inconnu, j'acceptai de répondre à l'appel et rejoignit l'Arche Winnipeg en juin 2000.

Toutes ces années, j'avais aussi gardé le contact avec mes consœurs rwandaises et nous continuions à nous porter les unes les autres dans la prière, alors que nous avancions de notre mieux sur nos chemins respectifs. Les hauts et les bas, nous les partagions, et échanger des nouvelles nous faisait du bien. Cette année 2000 allait être pour elles aussi celle d'un tournant important : celui du retour au pays. Durant les six ans qu'elles avaient passés en France, elles avaient certes apprécié l'hospitalité des carmélites de Saint-Brieuc mais, malgré le drame vécu en 1994, l'éloignement du pays leur pesait.

Les nouvelles des dernières années étaient assez positives et commençaient à leur laisser entrevoir la possibilité d'un retour dans des conditions de sécurité suffisantes. Et même si le discernement ne fut pas facile pour plusieurs d'entre elles, elles finirent par prendre la décision, sauf pour l'une ou l'autre, de rentrer au pays. Il leur fallut pour cela vaincre leur peur et trouver l'aide nécessaire pour se réinstaller sur place.

Dans un premier temps, en effet, impossible de demeurer au monastère. Depuis le départ des sœurs, tout ce qui pouvait l'être avait été pillé. Il fallait donc trouver une demeure temporaire et les moyens de reconstruire. Elles furent donc accueillies dans une maison appartenant à une autre communauté religieuse, et se mirent courageusement à l'ouvrage. Une des sœurs, qui ne se sentait pas prête à rentrer immédiatement au pays, les rejoindrait deux ans plus tard. Une seule d'entre elles n'a jamais pu franchir le pas et a choisi de rester dans un monastère en France.

De mon côté, je commençai à partager la vie de la communauté de l'Arche... L'avenir nous dirait que nous venions, tant mes consœurs que moi-même, de faire des pas importants sur nos « chemins d'Emmaüs » respectifs. Des pas qui allaient aussi, sans que nous le sachions encore, nous guider vers des retrouvailles essentielles.

À l'Arche Winnipeg, je pus expérimenter, dans la durée, ce que j'avais brièvement vécu dans ma rencontre avec la communauté de Trosly et lors de mon bref séjour dans la communauté de Namur : l'accueil inconditionnel des personnes handicapées.

Lorsqu'on rencontre une personne avec un handicap, les questions qui se posent n'ont pas grand-chose à voir avec ce qui se passe habituellement dans beaucoup de rencontres humaines... Pensons simplement à ce qui nous habite quand nous rencontrons une personne pour la première fois, que nous osions nous l'exprimer ou non. « Qui est-elle ? D'où vient-elle ? Qu'est-ce qu'elle fait dans la vie ? Apparemment, nous ne sommes pas de la même culture... va-t-on se comprendre ? Aïe... nous ne partageons pas la même religion... sera-ce plus difficile encore ? » Et combien d'autres encore...

Le premier contact avec une personne handicapée, quant à lui, se résume le plus souvent à une main tendue, un large sourire et un « Bonjour, comment t'appelles-tu ? » Suivi, le plus souvent aussi par quelque chose comme « Tu viens habiter ici ? » Bref, une entrée en matière qui se situe d'emblée au niveau de la relation. « Veux-tu être mon ami ? » et « Veux-tu faire un bout de chemin avec moi ? » Loin des apparences physiques, de l'importance des capacités intellectuelles, du passé de la personne et des blessures qu'elle porte, de son succès ou de ses échecs, il s'agit de se situer d'emblée au niveau de notre commune humanité et de ce qui peut nous rassembler : le désir d'entrer en relation et la soif d'amitié vraie. Pas besoin de laisser à la porte qui on est et tout notre « bagage humain »… On est accueilli en vérité. Et l'on sait tous combien il peut être salutaire — et reposant — de se sentir accueilli sans avoir rien à expliquer, rien à justifier. Car c'est bel et bien à partir de qui on est — et non de qui on prétend être — que l'on peut ensemble bâtir communauté.

À l'Arche, la prière est simple et vraie. La personne avec un handicap ne s'embarrasse pas de « belles formules », mais se dit devant Dieu telle qu'elle est, telle qu'elle se sent, avec son vécu de la journée.

La vie commune a ses exigences, comme dans les monastères, et comme dans toute famille, mais elle finit par ouvrir davantage nos cœurs à l'essentiel : un partage plus vrai et plus sincère de nos dons et de nos talents, et des amitiés qui ne s'effaceront jamais. Bref, elle nous conduit à plus d'humanité, à plus de vérité, devant Dieu et devant les autres. Jean Vanier disait un jour qu'une des différences essentielles entre les personnes vivant avec un handicap et nous, c'est que nous, « nous sommes bien plus habiles à cacher nos handicaps ». Oui, tous et toutes, nous avons nos faiblesses, nos « handicaps », et un des miracles de la vie à l'Arche, c'est certainement d'apprendre à mieux nous accepter et nous aimer nous-mêmes, tels que nous sommes, et quels qu'aient été les détours de nos vies.

Notre valeur intrinsèque se situe bel et bien au niveau de notre cœur et de sa capacité d'ouverture à Dieu, aux autres, à nous-mêmes…

Ces années à l'Arche furent pour moi de vrais cadeaux de la vie. J'y ai vécu bien des défis, mais surtout d'immenses moments de bonheur.

J'avais de moins en moins peur… et doucement, je commençai à pressentir quelque chose de la vie nouvelle qui commençait à m'être donnée.

Durant l'été 2001, mon père est décédé en France. Sa vie avait été difficile et j'ai su trop tard que, face à la maladie, il avait choisi de ne pas se soigner, pour en finir, tout simplement. Entre le moment où j'ai appris, par un médecin qui m'a téléphoné, la gravité de sa maladie, et le moment où il est décédé, il s'est passé moins de septante-deux heures. Impossible d'avoir le temps de me rendre en France pour le revoir vivant, m'avait dit le médecin. Un de mes amis moines s'est rendu à son chevet, et je n'ai pu que lui parler au téléphone. Moment douloureux, mais où j'ai pu au moins lui dire que je lui pardonnais la façon dont ses problèmes d'alcoolisme avaient brisé notre vie familiale. La gorge nouée, j'ai pu lui redire aussi que je l'aimais, et il est mort dans les heures qui ont suivi.

Il n'est jamais aisé d'avoir à pardonner à ses parents… et seul le temps peut apaiser cette sorte de blessure…

En octobre 2002, je me rendis à Sherbrooke pour recevoir mon diplôme de théologie. Depuis la fin de l'année au centre de spiritualité Manrèse en juin 1997, c'était peut-être le premier « accomplissement » qui m'aidait à prendre conscience que ma vie n'était pas vouée à l'échec. Je me battais pour reconstruire ma vie ; mon travail et ma persévérance portaient leurs fruits.

Mais le plus beau « cadeau » était encore à venir... Je saurais bientôt que le long travail de thérapie et tous mes efforts pour survivre et retrouver le goût de vivre n'étaient pas vains, eux non plus...

Une retraite,
un voyage,
la vie redonnée

E N 2003, j'ai eu la chance de pouvoir me rendre à Montréal pour assister à une retraite organisée pour les assistants de l'Arche. Lors d'un enseignement, j'entendis raconter une histoire qui me bouleversa. C'était l'histoire d'un vieux rabbin polonais qui était retourné dans sa ville natale et avait tenu à passer sur un pont où, enfant, il avait dû courir pour échapper aux soldats Allemands qui le poursuivaient. Questionné sur sa démarche de revenir à un endroit empli pour lui de souvenirs si douloureux, il avait répondu : « Je suis venu prendre par la main le petit garçon qui a eu si peur, pour le réconforter et l'emmener avec moi »…

Inutile de me demander ce qui s'est passé d'autre durant cette retraite. Je ne me souviens de rien, sinon de ce moment et de ce qui a suivi. Je suis allée me promener, longuement. Mes larmes ont coulé, mais des larmes paisibles cette fois, comme devant l'évidence d'un amour si attentif, celui du Bon Berger.

Et ce qu'il fallait faire m'apparut alors clairement : retourner au Rwanda, retrouver mes sœurs, retrouver ces lieux, et y passer le temps qu'il faudrait. Les retrouver, et me retrouver… Ensemble, regarder nos peurs en face. Ensemble, relire les traces de l'amour de Dieu qui avait su nous guider au long de ces années trop douloureuses, à chaque instant de nos passages… Ensemble, rendre grâce pour la vie et écouter l'Esprit qui saurait nous inspirer les chemins d'avenir…

Je quittai la retraite, un peu intriguée, mais confiante. Comment pourrais-je retourner au Rwanda ? Mes moyens financiers étaient limités, et le temps des vacances l'était aussi. Comment cela se ferait-il ? Même si cela semblait de l'ordre du rêve, une confiance inébranlable m'habitait.

Le cœur paisible, je retournai à Winnipeg, et repris mon travail à l'Arche. Je partageai avec mes amis les plus proches le rêve qui m'habitait, et les choses en restèrent là pour un bon moment. En janvier 2004, j'assistais à une réunion qui regroupait les coordonnatrices des foyers de l'Arche de l'Ouest du Canada et les directeurs des communautés, à Bowen Island, au large de Vancouver. Un soir, assis tous ensemble dans le salon autour d'un beau feu de bois, nous bavardions de choses et d'autres. Une d'entre nous mentionna qu'elle avait entendu une interview du général Dallaire qui parlait de son espoir de retourner bientôt au Rwanda. Je n'ai pu alors m'empêcher de murmurer : « Il n'est pas le seul à vouloir y retourner… seulement moi, je n'en ai pas les moyens… » Ce à quoi ma voisine, directrice de la communauté de l'Arche à Calgary, me répondit : « Si c'est si important que cela pour toi, on pourrait t'aider ! »

Sa réponse me surprit tellement que j'en restai littéralement « sans voix ». Et je n'échangeai pas un mot de plus avec elle à ce sujet ce soir-là. Ces mots faisaient l'effet d'une porte qui vient de s'ouvrir brusquement. Mais, sans doute, ce sur quoi elle ouvrait me faisait encore inconsciemment un peu peur… Un ou deux mois plus tard seulement, je repensai à cette conversation. Avais-je rêvé ? Je l'appelai et me risquai à lui demander : « Étais-tu sérieuse quand tu parlais de m'aider à retourner au Rwanda ? Mais à quoi pensais-tu donc ? »

Avec son flegme habituel, elle me répondit : « Euh ! oui… En fait, je pense que j'ai presque suffisamment de miles Aéroplan pour un voyage gratuit en Europe. Je pourrais t'en faire cadeau. Il te suffirait de payer la différence. Et cela te ferait sans doute à peu près la moitié du prix du voyage épargné… » Inutile de dire le sentiment de reconnaissance que j'éprouvai à son égard.

Et les choses ne firent plus alors que s'enchaîner… Cela faisait presque cinq ans que je remplissais à l'Arche Winnipeg la fonction de coordinatrice des foyers. Je m'y étais donnée sans compter, et je commençais à sentir que, dans ce rôle, j'avais probablement donné tout ce que je pouvais. Je craignais l'épuisement.

J'évoquai, avec l'équipe de direction, mon désir de « passer la main » et de discerner quel pourrait être mon nouveau rôle dans la communauté ; en même temps, j'exprimai le désir de prendre un temps de repos un peu plus prolongé pour marquer la transition. Tout finit par tomber en place et il fut convenu que je pourrais prendre deux mois de vacances et de ressourcement.

Après obtention de mon visa pour le Rwanda, le reste du voyage s'organisa bien vite. Et j'ai quitté Winnipeg le 24 novembre 2004 avec l'intention de passer environ deux semaines au Rwanda et cinq semaines en Europe : un voyage qui allait tenir bien davantage du pèlerinage intérieur que des vacances.

Après deux jours de repos chez des amis à Bruxelles, j'ai pu, le 27 novembre, prendre l'avion pour Kigali. Au moment d'embarquer, je me suis sentie tenaillée par la peur. Oui, toute la peur vécue dix ans auparavant remontait à la mémoire ; mais cette fois, c'était bien par un choix libre et réfléchi que j'allais aller m'y confronter.

Arrivée à Kigali, j'ai pu retrouver un peu de paix dans la douceur de la nuit. Atterrir dans un aéroport si « différent » de ce qu'il était dix ans auparavant — douaniers civils au lieu de soldats en armes — avait incontestablement quelque chose de rassurant. L'accueil des sœurs du carmel de Kigali m'aidait aussi à me sentir un peu mieux. Le lendemain, des amis d'une des religieuses m'ont fait visiter la ville et m'ont emmenée souper dans un restaurant sur une de collines. Plus de couvre-feu ! La ville aussi avait bien changé. Partout, on voyait de nouveaux quartiers en construction, et les routes avaient été refaites. La présence de policiers au lieu de militaires rendait l'atmosphère plus accueillante et paisible. On pouvait d'emblée sentir l'immense effort des dirigeants pour rassurer la population et travailler à la pacification du pays.

Mais j'avais surtout très hâte d'arriver au but de mon voyage. Le 29 novembre, nous embarquions dans l'autobus pour les cinq heures de route qui nous séparaient de Cyangugu. Difficile de décrire la joie immense de retrouver enfin mes sœurs… Et, dans l'émotion des embrassades, j'entendis ce mot de l'une d'entre elles, lâché si spontanément qu'il me toucha au plus profond du cœur : « Toi, tu ne nous as pas abandonnées… » J'allais, dans les jours suivants, en comprendre un peu mieux la portée.

Les premières nuits, je n'ai guère dormi, toujours tenaillée par la peur, mais après quelques jours, j'ai pu enfin retrouver le sommeil.

Passée l'exubérance des retrouvailles, nous avons pu prendre le temps du partage et de l'échange. Et, de mon côté, j'allais avoir l'occasion de visiter un peu les environs. Un peu tristement, je compris bien vite que, à part mes consœurs, je n'allais pas retrouver grand monde… Parmi les missionnaires et coopérants rencontrés, seuls un ou deux étaient là dix ans auparavant : ils étaient partis et revenus. D'autres étaient décédés, et beaucoup n'avaient jamais eu le courage de revenir, trop marqués par les événements ; et personne au diocèse n'avait de nouvelles de mon amie infirmière qui avait cependant travaillé pour eux de longues années…

Et j'ai vite compris la sorte d'incommunicabilité qu'il pouvait y avoir entre ceux qui « étaient là avant » et ceux qui étaient venus « après ». Malgré tous les échanges amicaux que l'on pouvait avoir, il y avait trop de choses que nous ne pourrions jamais partager… C'était là une réalité qu'il fallait apprendre à accepter, sans plus.

Mes amis rwandais vivaient exactement la même chose. Comme si les « différences » s'étaient déplacées… Plutôt que de se situer au niveau des différences ethniques, une sorte de fossé se creusait maintenant entre les « survivants » et ceux qui étaient venus « après » : des Rwandais qui avaient toujours vécu à l'étranger, et qui venaient maintenant s'installer au pays, confiants dans sa stabilité retrouvée et son avenir. Sans compter les clivages entre anglophones et francophones, comme entre riches et pauvres, dans un pays qui, après des années de système « socialiste », avait maintenant opté pour le libéralisme économique. Un sentiment, parfois difficile à vivre, de n'avoir pas grand-chose en commun.

Je passai beaucoup de temps, durant ces deux semaines, à rencontrer chacune des sœurs, à les écouter me donner des nouvelles de leurs familles et à me raconter en détail « l'après 6 avril 1994 », ainsi que les années d'exil et le discernement qui les avait menées au retour. Leur courage m'impressionnait, ainsi que le travail accompli. Le monastère en construction de 1994 était maintenant presque achevé, avec une superbe chapelle et une belle petite hôtellerie. Elles s'étaient mises à la fabrication du vin de fruits avec un beau succès et de nouvelles vocations se présentaient[42].

Nos heures de dialogue nous permettaient doucement d'avancer dans notre travail de deuil, entre larmes et sourires… Mieux comprendre le vécu de chacune pour pouvoir continuer notre route dans la solidarité fraternelle et, doucement, laisser fleurir sur nos lèvres des paroles d'action de grâce…

De son côté, l'abbé Modeste Kajibwami qui, en 1994, célébrait la messe au monastère, m'offrit de visiter les environs. Il m'emmena à l'évêché pour rencontrer le nouvel évêque, visiter une ou deux paroisses et le petit séminaire. Au nombre de ces visites se trouvait celle que nous avons rendue à la paroisse de Nkanka où se trouve un centre géré par Foi et Lumière.

Plusieurs jours par semaine, ce centre accueille jusqu'à 135 enfants et jeunes ayant un handicap, de même que leurs mamans. Les responsables offrent un groupe de soutien et d'échange aux mamans, des activités — incluant une certaine scolarité — aux enfants et aux jeunes, ainsi qu'un repas. Là, comme en Belgique et au Canada, dans les communautés de l'Arche ou de Foi et Lumière, j'ai trouvé le même sourire, le même accueil, la même simplicité. Sans hésitation, les mains se tendaient vers cette inconnue d'une autre race. Des mains prenaient la mienne pour m'emmener découvrir leur réalité.

J'ai fait ce jour-là une découverte qui m'a serré le cœur. Le génocide n'avait pas épargné les personnes avec un handicap : elles avaient été massacrées comme les autres. Pour une fois, si tragiquement, traitées comme les autres ! Et dans un pays où il reste tant à reconstruire, leur situation ne fait certes pas l'objet d'une

---

42. Elles ont, depuis ce temps, fondé une autre communauté à Gitega, au Burundi voisin.

grande priorité. Mais là aussi, des cœurs se laissent toucher et se mettent à l'écoute de l'autre, dans une commune humanité.

Cette visite m'avait à la fois bouleversé et réchauffé le cœur. Mais je n'étais pas au bout de mes surprises et des « cadeaux » que Dieu me réservait. Le lendemain, l'abbé Modeste me dit : « Aujourd'hui, je t'emmène à la frontière » pour m'entendre répondre un « non ! » radical. J'ai dû pâlir… Doucement, il me dit : « Si tu ne fais pas face à tes peurs, tu n'en sortiras jamais… » Cette fois, pas de réponse. Et nous en sommes restés là pour cette journée.

Le jour suivant, il est revenu me chercher pour m'emmener visiter d'autres endroits de la région et il me dit : « Ce soir, je t'emmène au restaurant. » Très heureuse de cette invitation, j'ai convenu de le retrouver vers dix-sept heures. À peine montée dans la voiture, je compris ce qu'il faisait en voyant dans quelle direction nous allions ; il m'emmenait au restaurant situé juste à côté de la frontière. En sortant de la voiture, je tremblais. Alors, il s'est arrêté et m'a demandé de lui raconter ce qui s'était passé là… Je lui ai raconté les pneus de nos voitures crevés le matin du 11 avril, et la peur atroce de ne jamais s'en sortir. Puis, nous sommes entrés dans le restaurant. Après avoir passé commande de notre souper, il me regarda droit dans les yeux et me dit : « Pleure… tu en as besoin. » À quoi, il me fut facile de lui répondre : « Tu sais bien que, dans ton pays, cela ne se fait pas de pleurer devant les autres ! » Sans désemparer, il continua : « Je m'en fiche ! Pleure ! » Et les larmes ont coulé…

Cadeau unique et merveilleux que celui-là : dans un pays où exprimer n'importe quel sentiment en public n'est pas vraiment permis, sous peine de s'attirer moquerie ou mépris, un ami me donnait la permission de laisser aller toutes les larmes qui m'étouffaient encore, ce poids si lourd qu'il empêchait la vie de reprendre le dessus et de circuler librement en moi. Après un bon moment, j'ai pu ébaucher un sourire, d'abord timide, puis de plus en plus libéré… Le reste de la soirée fut un merveilleux moment d'amitié. Lui aussi me partagea ce qui lui était arrivé et ce qu'il avait vécu depuis les événements.

Quand nous sommes sortis du restaurant, la nuit était belle et paisible. Personne dans la rue… et cela acheva de me remplir le cœur de paix et de douceur. La beauté de la nuit africaine venait doucement effacer les souvenirs de ce même endroit envahi par des tueurs prêts à arrêter toute personne qui essayait de quitter le pays… D'autres larmes coulèrent, mais de soulagement et de reconnaissance cette fois. L'emprise de la mort s'éloignait un peu plus. La vie commençait à l'emporter.

Le reste de mon séjour fut tissé d'autres beaux moments d'échange et d'amitié. Avant de quitter mes sœurs, je me suis sentie littéralement « envoyée en mission » par elles dans ce pays qui était un peu devenu le mien : le Canada. Et c'est avec une grande paix que j'ai pu envisager le retour. J'avais retrouvé mes sœurs heureuses et bien « chez elles » malgré les défis. Nos chemins se sont séparés, non sans regrets, mais nous restons unies par la prière et une amitié indéfectible, de celles qui se forgent dans les épreuves. Aujourd'hui encore, nous échangeons régulièrement des nouvelles, toujours avec beaucoup de bonheur.

Avant de repartir pour l'Europe, j'eus aussi l'occasion de visiter certaines de mes amies trappistines à Kibungo, au Nord-Est du pays. Les sœurs qui composent cette communauté, récemment fondée, étaient autrefois des moniales de Notre-Dame de la Clarté-Dieu, à Bukavu ; mais les tensions ethniques qui ont fait rage dans la région ont forcé les sœurs rwandaises de ce monastère à se réfugier dans un premier temps en France, avant de se décider, face à une situation qui perdurait, à fonder une communauté au Rwanda. Là comme ailleurs, les événements de 1994 et tout ce qui s'en est suivi, ont laissé des blessures qui prennent du temps à guérir. Ces retrouvailles furent aussi un moment de grâce et de partage fraternel. Personnellement, j'ai particulièrement apprécié les temps de prière communautaire, comme un rappel des moments fraternels partagés dix ans auparavant à la Clarté-Dieu. Puis, j'ai continué ma route. Une trop courte visite qui ne s'est pas achevée sans une promesse de se revoir... Et une amitié que nous entretenons malgré la distance...

Au Rwanda, j'ai pu être témoin de tant d'efforts de réconciliation et de pardon, de tant de gestes qui se veulent porteurs d'avenir. Au quotidien, devant l'ampleur d'un avenir à reconstruire, les gens réapprennent à vivre ensemble et, pour beaucoup, à vivre, tout simplement. Je ne peux que dire l'importance, face à de tels drames, de ne jamais enfermer un peuple dans ce qu'il a pu vivre. Car ce n'est que dans le respect infini de tous ceux et celles qui ont souffert, dans le pardon et la réconciliation, que la vie peut être la plus forte et que l'avenir peut se construire.

Je garde — et garderai toujours — dans mon cœur tous mes amis rwandais. La mystérieuse solidarité des épreuves traversées ensemble nous unit de façon plus profonde qu'aucune parole ne pourra jamais l'exprimer et fonde des amitiés vraies et solides.

De retour en Belgique, j'ai eu aussi l'occasion de retourner en plusieurs « lieux » de ma vie, et cela dans la même dynamique que celle de mon voyage au Rwanda, comme pour m'assurer de ne pas laisser « derrière moi » de souffrances du passé. Entre autres, je suis retournée à l'endroit où j'avais vu ma mère pour la dernière fois. J'ai aussi — et cela m'a demandé bien du courage — fait une tentative de la retrouver, mais sans succès. Alors, après de longues années d'espoir un peu fou, j'ai choisi — même si ce n'est pas facile — de simplement intégrer la réalité de ce qui s'était passé. Non pas de vouloir à tout prix refermer cette blessure, car je pense que cela équivaudrait pour moi à enterrer ma mère, mais tâcher de n'entretenir aucune amertume, de ne jamais laisser la blessure s'envenimer. Et simplement, cultiver les bons souvenirs… garder en mémoire tout ce qu'elle m'a appris de bon et de beau…

Quand Noël
est une Pâque

L E 22 décembre, je suis arrivée à l'abbaye d'Orval pour quelques
jours de retraite. Le mois qui venait de s'écouler avait été
des plus intenses, et j'avais besoin de temps pour intégrer les grâces
reçues. Y avait-il meilleur endroit pour cela que ce « lieu sacré » de
mon histoire ? Orval, mon « buisson ardent »…

Dans la paix de l'abbaye, comme toujours accueillie si frater-
nellement, ces quelques jours de retraite ont été des moments bénis.
Je demandai à un des frères de m'accompagner durant ces jours et
il me fut donné, dans ce dialogue fraternel, de pouvoir mettre des
mots sur tout ce que je venais de vivre, et bien plus encore ! Doucement, je sentais les « morceaux » de ma vie s'unifier, comme les
pièces d'un puzzle. La nuit de Noël, nous célébrions comme
chaque année le mystère du Dieu qui se fait humble et petit au
point de venir partager notre vie. Et cette nuit-là, j'ai réalisé, presque à mon étonnement, que tout désir et toute pensée de mort
m'avaient quittée… Comme une source jaillissant au fond des

bois, la vie se frayait un passage, à nouveau désencombrée de tout ce qui, depuis des années, tentait de l'étouffer.

Étonnement et action de grâce… Il n'y a pas d'autres mots pour décrire ce que j'ai pu ressentir alors. Je respirais, je me sentais vivre. La joie prenait petit à petit le dessus sur toute tristesse, toute dépression, toute mort. Je pouvais goûter à la vie redonnée… « La mort n'éteint pas la musique, n'éteint pas les roses, n'éteint pas les livres, n'éteint rien [43]. »

« Bénis le Seigneur, ô mon âme, n'oublie aucun de ses bienfaits [44]. » Et ce fut un de ces moments où l'action de grâce trouve son point d'orgue dans le silence.

J'allais encore avoir besoin de bien du temps et du recul pour prendre pleinement conscience des grâces reçues et être capable d'y mettre des mots. À ce moment-là, je crois que je pouvais à peine appréhender ce qui s'était passé et seulement balbutier un « merci ». La joie éprouvée avait bel et bien traversé toute mort…

Le lendemain, cependant, un détail me revint en mémoire : une lettre… que j'emportais partout avec moi depuis la fin de 1993. Cette lettre, je l'avais écrite alors que la tension montait au Rwanda et que la notion d'un réel danger devenait de plus en plus présente à nos esprits. Je l'avais écrite à un de mes amis, moine d'Orval, et l'enveloppe portait cette note : « À envoyer s'il m'arrivait quelque chose ». En d'autres mots, cette lettre contenait ce que j'aurais voulu qu'il lise de ma main après mon décès…

Et je n'arrivais pas à m'en séparer… un peu comme une dernière attache à ma « mort manquée ». L'importance de m'en défaire m'ap-

---

43. Christian Bobin, *Un assassin blanc comme neige*, Gallimard, 2011, p. 12.
44. Psaume 102.

QUAND NOËL EST UNE PÂQUE

parut aussitôt, mais j'avais besoin d'aide pour poser ce geste : ce qu'il me restait à faire était évident, mais guère facile… Je suis allée trouver mon ami, lui ai tendu la lettre en lui expliquant dans quelles circonstances elle avait été écrite, ce qu'elle représentait pour moi, et je lui ai dit que je souhaitais, puisqu'elle lui était adressée, qu'il la déchire devant moi, sans la lire. Il va sans dire que toute une part de moi-même souhaitait plus que tout qu'il la lise… Mais elle avait été écrite pour être lue après ma mort… et j'étais bien en vie !

Avec beaucoup de respect, il a su comprendre toute l'importance de ce geste et l'a déchirée sans me poser davantage de questions. La douleur que j'en ai ressenti ressemblait, je crois, à celle causée par une plaie que l'on finit de désinfecter et que l'on cautérise.

Ma retraite s'est terminée dans la paix et l'action de grâce. J'avais retrouvé le goût de la prière, le goût de la vie. Et je pouvais, lors de mes longues promenades sur les terres de l'abbaye, m'approprier ces mots, écrits par Maurice Carême, des années plus tôt en ce même lieu :

« Assieds-toi pour manger tranquillement ton pain
Sur le bord de la rive.
Regarde : les corbeaux volant à la dérive
Regagnent les lointains.

Le ciel a retrouvé l'étrange gravité
Des regards de ta mère,
Et, plus candide qu'il ne l'a jamais été,
Le vent dit sa prière.

Va, ne regrette rien ! Laisse ton faible cœur
S'éjouir en secret
Comme un enfant qui s'est perdu de longues heures
Et sort de la forêt.

Penche-toi sur l'étang. Tu verras ton visage
Clair de toute amertume
Se refléter sans fin dans la lumière sage
Où va fleurir la lune [45]. »

Le reste de mon séjour fut un vrai temps de vacances et de détente. Et, de retour au Manitoba, je pus recommencer à envisager la vie sans arrière-pensées. Petit à petit, la joie s'infiltrait en chaque recoin de mon être. Avec le temps j'allais pouvoir apprécier plus pleinement la profondeur du changement qui s'était accompli et la joie de la résurrection allait pouvoir prendre dans ma vie toute la place qui lui revenait.

---

45. Maurice Carême, *Heure de grâce*, 1957, p. 182 ; (édité chez l'auteur, 14, avenue Nellie Melba, Bruxelles).

Au quotidien

Autant il est vrai que, plongés dans une situation où la vie nous échappe, nous souhaitons plus que tout revivre, autant on finit par s'habituer à nos « modes de survie » et on s'accroche à des façons de réagir devenues familières, même si elles sont source de souffrance : un peu comme si l'on avait perdu le sens de toute autre réalité et que changer radicalement nous faisait peur. En mode de survie, on peut facilement développer une certaine agressivité, tant on a besoin de se protéger et de s'accrocher pour ne pas sombrer. Et nous dépensons aussi beaucoup d'énergie à nous prouver et à prouver aux autres que nous sommes parfaitement capables de nous en sortir et que, malgré les épreuves qui nous ont terrassés, notre vie n'est pas finie. Des réflexes qui ne nous lâchent pas si vite.

Il faut du temps pour réapprendre la confiance… confiance en la vie d'abord, confiance en Dieu, confiance dans les autres et en soi-même… car tout se tient ! Il faut du temps pour se déshabituer de vivre « dans la mort » et pour consentir à ce que la joie prenne toute sa place.

Parce que, sur un chemin qui aurait pu me conduire à la mort, des cœurs ouverts à la vie ont su toucher le mien, mon cœur a pu s'ouvrir à la grâce de la résurrection, et « rechoisir » la vie me fut donné comme une grâce. Mais il n'en reste pas moins que la réalité de tous les survivants est longtemps faite de décisions qui se déclinent au quotidien.

Comme l'écrivait Marie Noël :

> « Rien n'est vrai que d'aimer. Mon âme un vent divin
> T'enleva jusqu'au faîte ardent de la montagne,
> Un jour. Mais, tous les jours, monte par le chemin
> Raide, étroit, raboteux qui pas à pas le gagne [46]. »

La grâce reçue, elle se décline chaque jour. La vie nous est donnée, neuve à chaque matin, et notre part, c'est de choisir de l'accueillir. Choisir de reprendre la route, sans regrets inutiles, sans culpabilité, sans regards stériles sur le passé… juste en ouvrant son cœur à la joie de la résurrection, la joie qui transforme et fait surgir la vie de la mort.

Et choisir de partager avec ceux et celles que la vie met sur notre route la lumière de cette vie qui nous habite, par notre sourire ou notre main tendue…

Alors, un jour à la fois, l'instinct de survie peut réellement faire place à la vie. Comme dans le quatrième mouvement de la Neuvième Symphonie, tout se pacifie et s'unifie en une seule mélodie, celle de la joie. Envisager la mort a provoqué une exigence de vérité et a permis de réviser l'échelle des valeurs… Si ma vie est extérieurement pareille à ce qu'elle était auparavant, intérieure-

---

46. Marie Noël, *Les chants de la Merci*, Poésie Gallimard, p. 69.

ment, tout se nuance maintenant d'une autre lumière. Un peu comme si, alors que mon corps n'a pas encore traversé le passage de la mort, mon regard avait déjà pris « quelques longueurs d'avance ».

Parce qu'un jour j'ai failli perdre la vie, je n'en prends plus un seul instant pour acquis ; et voilà des années maintenant que, chaque matin, en ouvrant les yeux, je prends le temps de rendre grâce pour la vie qui m'est donnée, avant même de me lever.

« Savoir qu'on est vivant est tout savoir[47] », écrit Christian Bobin, et en apprendre le sens profond au creuset de nos journées est une grâce immense.

La spiritualité cistercienne continue à nourrir ma vie de prière et je sais toute l'importance de savoir préserver, dans une vie bien occupée, les moments de silence et de solitude qui me donnent l'espace nécessaire pour la prière. L'ordre cistercien reste plus que jamais ma famille spirituelle, et les contacts réguliers avec plusieurs abbayes entretiennent ces liens d'amitié.

Ma prière s'est simplifiée et unifiée. Face aux défis de la vie, ma confiance dans le Bon Berger est plus enracinée qu'avant. Et il m'est donné de ne plus vivre les « détours » comme des échecs, mais bien comme des étapes du chemin.

Après plusieurs années où j'ai partagé le quotidien de mes frères et sœurs de l'Arche, les « détours de la vie » m'ont menée vers d'autres emplois, auprès des aînés et, à nouveau en paroisse. Mais quelles que soient mes occupations, l'essentiel se situe bien dans l'attitude qui les sous-tend. La joie de vivre et d'aimer est un trésor qui ne grandit qu'en se partageant…

47. Christian Bobin, *Un assassin blanc comme neige, op. cit.*, p. 27.

Mon « chemin d'Emmaüs » a commencé il y a bien longtemps, dans les ruines de l'abbaye d'Orval, alors que la présence de Dieu s'est manifestée à moi, me laissant déjà « le cœur tout brûlant »… La grâce reçue au baptême resurgissait, comme une source qui aurait longtemps coulé sous terre et venait de se frayer un chemin jusqu'à la surface. Il se continue aujourd'hui, le « cœur brûlant » de gratitude pour la vie et les grâces reçues. Et la joie de Pâques en illumine pour toujours chaque détour et chaque « passage ».

« Les vraies proportions de cette vie — qui pour sa part essentielle est invisible — ont été trouvées par les peintres de l'art roman : une chapelle tient dans la paume d'une main, un livre peut être aussi large que le ciel — et rien ne sera jamais aussi vaste qu'un visage ouvert par l'étonnement d'aimer [48]. »

L'essentiel est bien de continuer la route sans « s'habituer » à cette grâce de vivre et d'aimer. Savoir rester des êtres « étonnés » et remplis de gratitude.

2❦

---

48. Christian Bobin, *Prisonnier au berceau*, *op. cit.*, p. 70.

Emmaüs
aller-retour...

J'EMPRUNTE à un ami le titre de ce dernier chapitre [49], tant j'aime la façon dont il traduit le dynamisme que la grâce de la résurrection insuffle dans nos vies.

En partageant, comme je viens de le faire, ma propre expérience de mort et de résurrection, je ne souhaite rien d'autre qu'encourager d'autres personnes à savoir relire et retrouver, dans leur propre vie, les traces de la joie pascale, la joie plus forte que tout, celle qui jaillit un jour par-delà l'épreuve. Comme le dit Franz-Olivier Giesbert : « La joie qui fait de Dieu une évidence. Je crois à la preuve par la joie [50]. »

---

49. Jean-Guy Saint-Arnaud, s.j., *Emmaüs aller-retour, repères pour l'accompagnement spirituel*, Médiaspaul, 2011.
50. Franz-Olivier Giesbert, *Dieu, ma mère et moi*, Gallimard, 2012, p. 49.

Car les récits de la résurrection, qui tiennent en quelques pages des évangiles, se déclinent dans nos vies au fil des années et des méandres de nos chemins, et cela de façon bien plus lumineuse que nous n'en avons habituellement conscience. « … pour moi, comme pour beaucoup je pense, c'est ma vie, dans ses heurs et ses malheurs qui a éclairé, réchauffé, ravivé l'évangile de la résurrection. La lumière de Pâques, c'est dans le regard des petits ou grands ressuscités de mon entourage que je l'ai d'abord vue. Ce n'est qu'ensuite que je l'ai retrouvée dans le clair-obscur des pages d'évangile où le Christ se révèle dans cette étrange présence de l'absence [51]. » Et, pour mieux retrouver la trace de cette présence, quoi de mieux que de relire un de ces récits évangéliques dans la perspective du quotidien de nos existences ?

Après un premier récit qui nous décrit la visite des femmes au tombeau, la découverte du tombeau vide, la rencontre des anges leur annonçant la bonne nouvelle de la résurrection et la transmission de ce message aux apôtres — un récit tout « en mouvement » — saint Luc nous fait passer sans transition à l'histoire des disciples d'Emmaüs, qui se déroule sur un tout autre rythme.

En voici le texte :

> « Le troisième jour après la mort de Jésus, deux disciples faisaient route vers un village appelé Emmaüs, à deux heures de marche de Jérusalem, et ils parlaient ensemble de tout ce qui s'était passé.
> Or, tandis qu'ils parlaient et discutaient, Jésus lui-même s'approcha, et il marchait avec eux. Mais leurs yeux étaient aveuglés, et ils ne le reconnaissaient pas. Jésus leur dit : « De quoi causiez-vous donc, tout en marchant ? » Alors ils s'arrêtèrent, tout tristes. L'un

---

. Yves Prigent, *L'expérience dépressive*, Desclée de Brouwer, 2005, p. 139.

des deux, nommé Cléophas, répondit : « Tu es bien le
seul, de tous ceux qui étaient à Jérusalem, à ignorer
les événements de ces jours-ci. » Il leur dit : « Quels
événements ? » Ils lui répondirent : « Ce qui est arrivé
à Jésus de Nazareth : cet homme était un prophète
puissant par ses actes et ses paroles devant Dieu et
devant tout le peuple. Les chefs des prêtres et nos dirigeants l'ont livré, ils l'ont fait condamner à mort et
ils l'ont crucifié. Et nous qui espérions qu'il serait le
libérateur d'Israël ! Avec tout cela, voici déjà le troisième jour qui passe depuis que c'est arrivé.
» À vrai dire, nous avons été bouleversés par quelques
femmes de notre groupe. Elles sont allées au tombeau
de très bonne heure, et elles n'ont pas trouvé son
corps ; elles sont même venues nous dire qu'elles
avaient eu une apparition : des anges, qui disaient qu'il
est vivant. Quelques-uns de nos compagnons sont allés
au tombeau, et ils ont trouvé les choses comme les
femmes l'avaient dit ; mais lui, ils ne l'ont pas vu. » Il
leur dit alors : « Vous n'avez donc pas compris ! Comme
votre cœur est lent à croire tout ce qu'on dit les prophètes ! Ne fallait-il pas que le Messie souffrît tout cela
pour entrer dans sa gloire ? » Et en partant de Moïse et
de tous les prophètes, il leur expliqua, dans toute
l'Écriture, ce qui le concernait. Quand ils approchèrent
du village où ils se rendaient, Jésus fit semblant d'aller
plus loin. Mais ils s'efforcèrent de le retenir : « Reste
avec nous : le soir approche et déjà le jour baisse. » Il
entra donc pour rester avec eux.
Quand il fut à table avec eux, il prit le pain, dit la bé-
nédiction, le rompit et le leur donna. Alors leurs yeux
s'ouvrirent, et ils le reconnurent, mais il disparut à
leurs regards. Alors ils se dirent l'un à l'autre : « Notre

cœur n'était-il pas brûlant en nous, tandis qu'il nous parlait sur la route, et qu'il nous faisait comprendre les Écritures ? » À l'instant même, ils se levèrent et retournèrent à Jérusalem. Ils y trouvèrent réunis les onze Apôtres et leurs compagnons, qui leur dirent : « C'est vrai ! le Seigneur est ressuscité : il est apparu à Simon Pierre. » À leur tour, ils racontaient ce qui s'était passé sur la route, et comment ils l'avaient reconnu quand il avait rompu le pain [52]. »

« Deux d'entre eux » ont quitté le groupe encore rassemblé à Jérusalem et partent vers Emmaüs. Sans doute, comme bien d'autres, ils avaient été touchés par la parole de Jésus ; ils avaient cru à la Bonne Nouvelle et l'avaient suivi. Remplis de foi et d'espérance, ils avaient cru au Royaume promis… Et voilà que tout s'était terminé tragiquement, par la mort de Jésus. Pas de miracle cette fois, pas de manifestation divine pour le sauver de la mort… Quelques mois ou quelques années de leur vie qui devaient maintenant leur sembler perdus… Alors, il n'y avait sans doute plus rien d'autre à faire que de rentrer chez soi, de reprendre le cours de sa vie comme avant, et d'essayer d'oublier…

Comme les autres récits de la résurrection, ce texte témoigne de l'atmosphère lourde qui suit la mort de Jésus. Les disciples se sentent orphelins… Mais contrairement à certains de ces récits où tout semble aller très vite — comme une irruption de la *Bonne Nouvelle* qui ouvre les femmes et les disciples à la reconnaissance du Ressuscité — ce passage nous familiarise davantage à la notion du temps qui nous est nécessaire pour retrouver le chemin de la vie.

Nous savons tous que les épreuves font partie de l'existence, mais quand elles nous frappent de plein fouet — deuil brutal, ma-

---

52. Luc *24*, 13-35.

ladie, ou autre — et viennent interrompre ou briser le cours paisible de notre vie, elles nous laissent le plus souvent incrédules. Comment est-ce possible ? Pourquoi moi ? Le découragement et la dépression guettent et il nous est bien naturel de nous enfermer dans le silence et l'isolement. Nous n'avons que faire alors de paroles de réconfort qui nous semblent le plus souvent dérisoires, même quand elles viennent de nos proches. Les paroles de l'Écriture elles-mêmes peuvent alors nous sembler vides de sens tant la douleur nous aveugle et la prière elle-même devient difficile, car nous n'y retrouvons plus la présence autrefois si familière.

Autant de réactions bien naturelles, et nous avons besoin de temps pour les vivre : impossible de passer outre. Jamais la grâce de la résurrection ne se révélera à nous de façon « magique » en effaçant la souffrance du deuil... Mais nous nous accommodons si mal de ces délais. Nous accusons le coup, nous rassemblons notre courage, et nous nous convainquons que nous allons aller mieux... bientôt. De par notre impatience, nous sous-estimons trop souvent la valeur de ces étapes où un mystérieux travail de purification s'opère en nous. Mais Dieu a le temps, et jamais il ne nous force la main...

Le récit évangélique nous dit que « Jésus en personne s'approcha, et il faisait route avec eux. » Notre Dieu, révélé en Jésus, respecte infiniment notre douleur, et il nous donne le temps nécessaire pour reconnaître sa présence à nos côtés. Les jours, les mois ou les années dont nous avons besoin pour ce faire, ne le font pas fuir. Il est là, présent, et saura nous accompagner en silence aussi longtemps qu'il le faudra...

Lorsqu'il leur adresse la parole et leur demande de quoi ils parlaient, les deux disciples ne le reconnaissent pas. Il en est de même pour nous. Lorsque la douleur nous accable, elle aveugle les yeux de notre cœur et obscurcit notre mémoire. Envolés, les souvenirs des jours heureux ; oubliées, les heures de prières où nous goûtions la présence de Dieu ; effacée, l'image de son visage autrefois si familier…

La parole que Jésus leur adresse déclenche plutôt une avalanche de mots dont l'agacement n'est pas absent : « Tu es bien le seul habitant de Jérusalem à ignorer ce qui y est arrivé ces jours-ci ! » car à la douleur s'ajoute l'incompréhension supposée de ceux qui nous entourent et la colère face à ce que nous ressentons comme une injustice de la vie… Mais Dieu ne s'effarouche ni de nos questions ni de nos révoltes. Il les accueille avec tendresse et respect. Jésus encourage les disciples à lui dire ce qui les préoccupe. Il les écoute sans les interrompre.

Une fois les épreuves traversées, nous savons nous souvenir avec reconnaissance de cette expérience que nous avons tous — espérons-le — pu faire, nous aussi ; la rencontre d'une personne qui a su nous écouter, longuement, dans le plus grand respect. Car avoir été écouté en vérité, sans nous sentir jugés et sans nous retrouver instantanément accablés de bons conseils, est souvent tout ce dont nous avons besoin pour être capables d'entrouvrir un peu la porte de notre cœur, hermétiquement fermée par la douleur.

Et je me plais à imaginer ce que le récit ne nous dit pas : après le récit des événements par les disciples, un long silence de Jésus, tout empreint de respect, avant qu'il ne reprenne la parole.

C'est seulement lorsque les disciples sont prêts, que Jésus va les faire entrer dans une « relecture » qui les invitera à accueillir le réel tel qu'il a été vécu. « Ne fallait-il pas… » et « Il leur interpréta dans toutes les Écritures ce qui le concernait. » Non pas une de ces explications rationnelles de tout ce qui est arrivé, sans manquer d'ac-

cuser au passage les responsables de tout cela… avec une bonne
dose d'amertume… Mais bien une relecture paisible.

L'exercice va sans doute les aider d'abord à se souvenir de tout
ce qu'ils ont vécu ensemble et, à chaque parole prononcée, à entrer
dans une compréhension plus profonde de la Bonne Nouvelle en
laquelle ils avaient cru. Car ils avaient cru, certes, mais pas « jusqu'au
bout », pas à « tout », tant il est vrai que l'on n'entend jamais vraiment que ce que l'on est capable d'entendre… Un mot à la fois,
s'éclaire enfin chacune des paroles prononcées par Jésus quand il
leur enseignait que « le Fils de l'homme va être livré aux mains des
hommes, et ils le tueront et, le troisième jour, il ressuscitera [53] » ;
ou : « je vous verrai de nouveau et votre cœur sera dans la joie, et
votre joie, nulle ne vous l'enlèvera [54] ».

Un mot à la fois, lorsqu'il nous est donné de relire les « passages »
douloureux de notre vie, nous apprenons à y distinguer enfin la
vérité d'un amour et d'une présence qui ne nous ont jamais fait
défaut, même dans les moments où nous étions incapables de les
reconnaître. D'où l'importance, chaque fois que nous avons l'impression que nous ne savons plus où nous allons, de savoir prendre
le temps qu'il faut pour nous remettre à l'écoute. Les grands moments d'épreuve peuvent si facilement brouiller notre perception
et annihiler nos énergies.

Le psaume 104 nous dit : « *Souvenez-vous des merveilles qu'il a
faites.* » Et Christian de Chergé commente : « Nous sommes là au
cœur de l'Incarnation, c'est-à-dire dans ce mystère permanent de
la rencontre entre l'Éternel présent et l'histoire dans son déroule-
ment. *Souvenez-vous* ! Dans un sens obvie, ce recours à la mémoire

---

53. Matthieu *17*, 22.
54. Jean *16*, 22.

est la clé la plus courante du discernement dans la foi. Aujourd'hui, c'est la nuit. Comment avancer le pas suivant ? Revenir en arrière au dernier signe lumineux, refaire le trajet des traces de Dieu dans notre vie et y chercher le visage de Celui qui nous appelle à aller de l'avant, et son message peut-être plus profond qu'il n'était apparu alors. Des éléments du passé prennent brusquement un sens nouveau et même un sens tout court dans ce qui nous est demandé aujourd'hui, et l'incohérence de certains événements vécus ou subis se résout dans l'appel qu'on pressent et qui refait l'unité en nous et la continuité dans le temps. C'est l'invitation du Christ aux disciples d'Emmaüs : « *Rappelez-vous. Ne fallait-il pas...* » (Lc 24, 26). Alors, même les épreuves, même les chutes, peuvent devenir sinon des « merveilles de Dieu », du moins des « passages ». On découvre que le *passé* n'a de sens que dans l'éclairage que lui donne la grâce d'aujourd'hui [55]. »

Oui, paradoxalement, c'est bien la mémoire qui peut nous aider à ouvrir les yeux sur la grâce reçue aujourd'hui. Et, à ce moment du récit, je ne peux qu'imaginer un autre moment de silence. Car lorsque la parole de Dieu vient toucher notre cœur, l'apaiser et l'éclairer, nous avons besoin de temps pour accueillir ce don. Le Seigneur, toujours infiniment respectueux, fait mine de s'éclipser. « ... il fit semblant d'aller plus loin ».

Lorsque l'amour de Dieu s'offre, lorsque vient le moment de nous partager sa vie en plénitude et de nous partager sa joie de Ressuscité, il ne s'impose pas... Il attend notre consentement.

Moment précieux et unique entre tous. Si délicat aussi... Car consentir à la joie offerte et s'y ouvrir, c'est d'abord consentir à tout ce qui nous a menés jusque-là, à la douleur qui nous a « labourés ».

---

55.   Christian de Chergé, Dieu pour tout jour, Les Cahiers de Tibhirine vol 1, première édition, 2004, pp. 10-11

C'est reconnaître qu'il n'y avait pas d'autre chemin pour y parvenir que les douloureux passages que nous venons de traverser. C'est admettre que, si la mort physique est le passage vers la vie éternelle, le consentement aux épreuves traversées est le passage vers la joie qui nous est déjà offerte en cette vie, une joie que « nul ne nous enlèvera », prémices de celle que nous goûterons dans l'éternité.

Nous savons qu'un jour viendra où la mort nous dépouillera de tout. Mais lorsque l'épreuve vient nous déprendre de tout ce qui nous était cher, nos amours, nos amis, nos engagements… c'est toujours « trop tôt ». Et la souffrance laisse ses marques et creuse un vide. Et dire ou balbutier notre *oui*, c'est accepter de laisser aller tout ce que nous avons perdu, sans colère, sans culpabilité, sans amertume… C'est accepter de ne pas combler le vide mais de savoir attendre la joie offerte.

Mais cela aussi prend du temps, beaucoup de temps, et c'est normal…

Et l'on pressent bien que le « Reste avec nous… » prononcé par les disciples est lourd des émotions qui affleurent. Leur cœur et leur intelligence sont en train de s'ouvrir au mystère, mais ils n'ont pas encore reconnu Jésus… La scène évoque la paix et la douceur de la brume du soir sur un champ labouré. Nous connaissons tous de ces instants où, après nous être sentis « labourés » par les épreuves, parfois trop longuement, tout s'apaise enfin. Ce n'est pas encore la joie, mais déjà une certaine paix qui s'installe. Et le soleil se couche doucement, tout porteur de la promesse de son lever…

Ce n'est que lorsqu'ils sont à table et que Jésus rompt le pain que, nous dit l'évangile, « *leurs yeux s'ouvrent* »… au moment même où il disparaît à leurs yeux. La reconnaissance ne s'est pas vécue dans un miracle éblouissant, une autre « transfiguration », mais dans les humbles gestes quotidiens, le partage du pain. Par-

tage qui leur rappelle la vérité du don de la vie de Jésus pour eux…
« Prenez et mangez… Ceci est mon corps. » Et parce que c'est dans
le quotidien que s'était tissée leur intimité avec Jésus, c'est aussi
dans le quotidien de la vie continuée qu'ils retrouveront sa présence, en perpétuant ce qu'ils ont vécu ensemble.

Après la perte d'un être cher, ne nous arrive-t-il pas, à nous aussi,
d'expérimenter quelque chose de cet ordre ? Le sentiment que la
personne aimée ne nous a pas tout à fait quittés et que nous la retrouvons, précisément, dans les gestes si souvent partagés.

Et la scène évangélique, si « lente » jusque-là, développe soudain
un nouveau dynamisme. Un peu comme si, à peine couché, le soleil se levait à nouveau. À peine Jésus disparaît-il à leurs yeux qu'ils
le reconnaissent… Et puis, comme une vague qui déferle, la prise
de conscience de la réalité de la résurrection les remet debout et
les ramène à Jérusalem, au milieu de la communauté où la Bonne
Nouvelle se partage déjà. Et, comme un point d'orgue de ce récit,
Jésus « se tint au milieu d'eux ». Devant leurs dernières hésitations,
il se fait reconnaître, entre autres, en leur montrant ses mains et
ses pieds, les traces des plaies de sa Passion, les signes de l'amour
livré.

Pour ma part, j'ai toujours trouvé dans ces passages des évangiles
où Jésus se fait reconnaître en montrant ses plaies, un message qui
me paraît capital. La résurrection n'a rien d'un tour de magie…
Les « plaies » causées par nos souffrances ne disparaissent pas ;
même cicatrisées, elles nous identifient. Car les épreuves traversées
sont une part intrinsèque des événements qui nous ont construits
et qui font de nous les personnes que nous sommes aujourd'hui :
uniques et précieuses aux yeux de Dieu et de nos frères et sœurs.
Nous n'avons ni à les cacher, ni à en avoir honte… Car, avec la
grâce de Dieu, ce sont précisément ces blessures qui ont su ouvrir

en nos cœurs un espace de compréhension et de compassion envers les autres…

Et on sent bien que la joie que les disciples commencent à éprouver dès cet instant est d'une autre nature que la joie qu'ils avaient éprouvée lors de leur première rencontre avec le Seigneur et dans les mois ou les années où ils avaient suivi Jésus. La joie d'une foi toute neuve les avait mis en route dans l'enthousiasme, mais elle avait ensuite été éprouvée au creuset de la Passion. Et, après avoir failli être emportée dans le tourbillon de l'épreuve, elle en était ressortie à la fois pareille et différente. Elle s'était intériorisée, enracinée en eux, et montait maintenant du plus profond de leur cœur. « Notre cœur n'était-il pas tout brûlant… ? »

Et c'est le feu allumé par cette joie qui donnera aux disciples la grâce et l'énergie pour répandre la Bonne Nouvelle. Envoyés en mission par l'Esprit, c'est encore cette joie qui les aidera à traverser toute épreuve et saura rendre leurs vies fécondes…

Le père Van Breemen, s.j. écrivait : « S'abandonner au Christ, cela veut dire nous remettre entre ses mains comme le pain, pour être rompus par lui. Ses mains sont sensibles et tendres, nous le savons, car elles ont béni et caressé les enfants, ont enduré la peine des clous. Il ne nous détruira ni ne nous brisera, mais avec ces mains qui ont soigné, guéri, pardonné et rendu à la vie, il nous rompra doucement pour nous rendre féconds. »

Je lisais il y a peu une annonce pour une conférence qui avait pour titre : « La révélation continue ». J'aimerais dire : « La résurrection continue ». Chacune de nos vies est unique, chacune de nos expériences est unique. Tous, nous avons à nous frayer un chemin entre joies et peines. Et, sur notre « chemin d'Emmaüs », il nous est demandé de croire que nous avons en nous la force pour passer au travers des « nuits », si douloureuses soient-elles, et que l'obscurité n'est pas la fin de tout, que la mort n'aura jamais le dernier mot. Car si longues que soient les nuits, même si nous en avons oublié la beauté de la lumière, le soleil se lèvera à nouveau.

Quelles que soient les épreuves que nous ayons traversées et les pertes que nous ayons éprouvées, il nous est demandé de croire que tout ce que nous avons vécu de beau n'est pas détruit pour toujours, mais est appelé à « refleurir », semence d'une joie qui demeure pour l'éternité.

Et cessons de penser que la joie de la résurrection est une bonne nouvelle qui ne nous concernera qu'après notre mort. C'est aujourd'hui et maintenant, quand nous cessons d'avoir peur des passages à traverser, quand nous consentons à l'irruption de cette joie, quand nous la laissons « brûler » et consumer en notre cœur toute peine, toute amertume, qu'elle peut enfin nous remettre debout sur le chemin de la vie en plénitude ; la vie — et la joie — que nous sommes appelés à partager avec ceux et celles qui nous entourent.

La joie qui donne la force de vivre, je l'avais connue enfant, emplissant mon cœur comme les notes d'une symphonie. La force d'une joie que je pensais alors toute humaine avait su réveiller en moi le courage de vivre. Cette joie, je la retrouve, à mi-chemin de ma vie, plus forte, plus belle encore… elle m'a guidée au travers de bien des morts et, chaque matin elle m'est offerte, belle et lumineuse comme un matin de Pâques.

« Quand on entend son nom, la résurrection peut commencer [56]. » Et, nous le savons, Dieu nous appelle, chacun et chacune, par notre nom…

---

56. Gabriel Ringlet, *Un peu de mort sur le visage, op. cit.*, p. 83.

Tant qu'il y aura des cabanes

VERS le début de ce livre, je citais ces paroles de Sylvain Tesson :
« Tant qu'il y aura des cabanes au fond des bois, rien ne sera tout à fait perdu. »

J'aime cette image de la cabane, tant elle représente à mes yeux une image éloquente de la vie intérieure. La cabane, c'est le lieu du silence et de la solitude, le lieu où ne se trouve que l'essentiel. Une lampe à pétrole, un poêle à bois, et un confort plus que sommaire.

Ceux et celles qui ont eu le bonheur d'avoir pu un jour passer du temps dans une cabane le savent : c'est le lieu idéal pour se retrouver soi-même et se ressourcer [57]. Aucun bruit envahissant, aucune dis-

---

57. Le titre de cette conclusion se veut surtout un hommage à un ami artiste, Réal Bérard, qui a accepté de réaliser le dessin de couverture de ce livre. Dans sa cabane, où il sait prendre le temps de la solitude, il sait le bonheur de se laisser inspirer dans le silence de la nature. Et ceux qui, le connaissant, savent combien toute son œuvre témoigne de la richesse de sa vie intérieure.

traction superficielle n'empêchent de puiser à la source… Comme les monastères, les cabanes font partie de ces lieux qui nous rappellent l'importance de savoir trouver du temps et de l'espace pour l'essentiel.

Je savais déjà, enfant, lorsque Dieu ne tenait aucune place dans ma vie, l'importance du silence et de la solitude, pour savoir admirer les beautés qui nous entourent, pour se plonger dans la lecture et simplement, « être à l'écoute » de la vie.

Je le savais encore, jeune adulte, lorsque j'avais à cœur d'approfondir ma relation à Dieu dans la prière.

Je le sais, aujourd'hui plus que jamais, alors qu'après de longues journées de travail, la solitude et le silence sont comme le « lieu sacré » où je peux refaire mes forces et puiser « à la source de la joie ».

Et je sais surtout combien ce dont j'ai pu témoigner dans ces pages doit à ces lieux bénis… alors que j'ai eu le bonheur de pouvoir prendre du temps, pour relire et terminer ces pages, à la fois dans une cabane et dans un monastère.

Tant qu'il y aura des cabanes… tant que nous saurons garder du temps pour l'essentiel, nous saurons toujours trouver, ou retrouver, dans les méandres de la vie, à travers épreuves et joies, les traces de la présence qui jamais ne nous fera défaut.

« Reste avec nous, Seigneur, car il est tard… »

Avec gratitude envers ceux et celles qui m'ont soutenue et encouragée dans ce travail d'écriture…

Village de Saint-Pierre Sud, 30 mars 2012
Abbaye Notre-Dame des Prairies, 31 mars 2012

Table des matières

Achevé d'imprimer le 28 août 2012
sur les presses de l'imprimerie Bietlot à 6060 Gilly (Belgique)